「朝4時起き」で、すべてがうまく回りだす！

池田千恵

PHP文庫

○本表紙図柄＝ロゼッタ・ストーン（大英博物館蔵）
○本表紙デザイン＋紋章＝上田晃郷

文庫化にあたって――朝に「クヨクヨ」は似合わない！

私が「朝4時起き」を習慣にして、心から良かった！ と思えるのは、ネガティブ体質をリセットできたことです。

大学受験の二度の失敗、就職活動がうまくいかなかったコンプレックス、20代で窓際族になりそうだったときの「変わりたい！」という危機感、起業したてでこの後どうなるかわからないという不安な気持ち……。

人生の節目節目で生まれた、あとに引けない深刻なネガティブ感情に限らず、「上司に注意された」「お客様にご迷惑をかけてしまった」といった毎日のちょっとした落ち込みも、いつも朝の時間が洗い流してくれました。

この効用を知っているので、私はクヨクヨしそうになったらさっさと寝てしまいます。「クヨクヨ」を次の日の朝に先送りするのです。一度やってみてほしいのですが、朝と「クヨクヨ」は似合わないのです。夜思い悩んでいたことも、早朝にクリアな頭で考え直すと、前向きな解決策が浮かんでくるのを実感しています。

ネガティブ体質をリセットできるようになると、日々、自分を大事にできるようになります。皆の期待に応えたい、相手のために頑張りたい、という気持ちは大事ですが、相手を大事にするためには、まずは自分を大事にすることが必要だと思うのです。

「早起きできた私って、ちょっと偉いかも」という少しの自信。

「出社するまでのたっぷりある時間で、何をしよう」というワクワク感。

「どんなにつらい夜を過ごしても、ちゃんとお陽様は昇ってきて、朝は誰にでもやってくる」という、当たり前でいて素晴らしい自然の摂理。

太陽の光を浴びて、自分がまるで植物になったかのように光合成していくイメージ。

これらを感じ、まず自分自身を朝イチで癒すのです。この習慣があるのとないのとでは、人生が大きく変わるのではないかと私は自身の経験から実感しています。

今手に取っていただいているこの本は、２００９年に上梓した私のはじめての著書『「朝4時起き」で、すべてがうまく回りだす！』（マガジンハウス）の文庫版です。もともと夜型だった私が早起きができるようになったノウハウ集にとどまらず、ひとりのどこにでもいる、要領が悪く、頑張っているのにいつもボタンを掛け違えて失敗を繰り返してしまう女性が、早起きをきっかけにいかに人生を変えていったかという私自身の体験談に、ページを多く割《さ》きました。

今回改めて原稿を読み返すと、過去の私の痛々しいほどの心の叫びが聞こえてきます。よくもこんなに大小たくさんの失敗、挑戦を赤裸々に、荒々しい文体で書いたものだ、と、今となっては恥ずかしい限りではありますが、あえて、文体や内容をそのままの形で文庫化しました（少し時代遅れになってしまったガジェット類、4年経って進化した習慣については変更を加えています）。

「この本は血のにおいがする」と、ある人に言われたことがあります。血、というと物騒ですが、「池田さんが戦って、たくさん傷を負って血を流してきたその記録だ」ということだそうです。「着ぐるみお嬢に負けたくない」「凡才が天才や秀才に勝つためには、徹底的に頑張る時期が必要」「根性上等」など、コンプレックスや敵意丸出しの言葉が並んでいます。読む方によっては不快に思われるかもしれませんし、今となっては敵意や憎しみはすでに昇華していますが、この想いが私の原点なので、あえて修正しませんでした。

私なんかよりも、もっと大変な思いをした方はたくさんいらっしゃるでしょう。でもここであえて、実体験に多くのページを割いたわけは、普通に毎日を過ごしていく中で感じるちょっとした落ち込みや、失敗を乗り越えた経験を「あるある」と、ご自分と重ね合わせながら読んでいただきたかったからです。この本が少しでも明日からの生活が前向きに変わるきっかけとなれば、これほどうれしいことはありません。

早起きは、毎日できる小さな挑戦です。「たとえ1日早起きに失敗したとしても、365日の中のたった1日にしかすぎない。また頑張ろう」と、繰り返し挑戦してみてください。

頑張っているあなたの姿は、必ず誰かが見ているものですから。

池田千恵

2013年6月

Prologue

朝4時起きで人生が変わる

出社してすぐ、怒濤《どとう》のメールチェックを終えたと思ったら、上司からの呼び出し。急な仕事の指示やクレーム対応に追われる月曜日の朝。バタバタしていて気づかなかったけれど、もう午後1時。どうりでお腹が空くはずだ。

気分転換に外にランチに行きたいけれど、まだまだ仕事は山積みで、外に出る時間が惜しい。仕方がないから、オフィスの1Fにあるコンビニで買ったレタスサンドをほおばりながらメールに返信。

やっと仕事が終わって気づいたらもう午後8時。今日は夕方の6時から飲み会があったのに、やっぱり行けなかった。しかも、あわてて仕事をしたから、普段はしないような凡ミスも連発……。

一所懸命、頑張っているはずなのに、どうしていつもこうなんだろう？

「忙しい、忙しい」って口では言っているけれど、私は今日、どんな成果を残せたのだろう？　そもそも私って、会社にちゃんと貢献できているのだろうか？

とにかく、時間がいくらあっても足りない！

日々の仕事や雑事に追われる毎日。

やりたいこと、やるべきことはたくさんあるのに、目先のドタバタに流されて、つい後回しにしてしまう。そして一日が終わり、寝る前になって、

「あー疲れた。あれ？　でも今日、私、何をしたんだっけ？」

振り返ってみると、じつはそれほどたいしたことはしていないことに気づく。

自分の周りのイキイキと活躍している人を見ると、

「あの人に比べて、私はいったい何をやっているんだろう……。明日はもっと頑張らなきゃ！」

と誓うのに、次の日にはすっかり忘れ、またあわただしい日常に引き戻される……。

このままではいけないのはわかっている。

でも、どこから始めていいのかわからないし、自分は要領が悪いから所詮《しょせん》こん

なもんだ、とあきらめ混じりの溜息をつく……。

じつは、かつての私もそうでした。でも、**朝4時起きを日々の習慣にしたとたん、人生がいい方向に大きく回りだした**のです。

「あれもやらなきゃ、これもやらなきゃ。でも忙しくてできない！　どうしよう！」

と、いつもテンパッていた私ですが、気がついたら、「忙しい」という言葉を口にすることも減り、いつの間にか「あれもこれも」実現させていました。

私は現在、22～23時就寝、朝4時起床の生活を続けていますが、この朝4時起きを習慣にしたおかげで、これまでに次のようなことを実現させてきました。

・福島県にある田舎の公立中学校時代、教師から「君はIQが低い」と言われ、大学受験に二度も失敗した私が、半年弱の早朝勉強で私大文系難易度ランキング1位（1995年当時）の慶應義塾大学総合政策学部に入学できた。

・新卒で入社したワタミでは、あまりにも仕事ができず、店長にもなれないほどのダメOLだったが、朝の事前準備で仕事力をアップさせ、世界的な大手外資系戦略コンサルティング会社（以下、外資系コンサル会社）に転職できた。

・外資系コンサル会社では、時給1000円台の契約社員からスタートして正社員へ。さらに正社員の中でも上位ポジションのシニアスタッフへと昇進。コンサルタントをサポートする立場でありながら、講師としてコンサルタントにパワーポイントの指導も行うようになり、年収は約2倍になった。

・外資系コンサル会社の殺人的な忙しさの中で責任ある仕事をしながらも、趣味で取った飲食の資格（唎酒師《ききさけし》、酒匠、ワインエキスパート、チーズプロフェッショナル、パン教室講師）を活かし、週末の時間を使って教室を開いたり、FMラジオやビール会社の公式サイトなどのメディアから取材を受けたり、50人規模のイベントを開催したりした。

・会社を辞めて独立した直後から、さまざまな仕事のオファーが舞い込み、現在、「図解化コンサルタント」として、自由な働き方を手に入れている。

朝4時起きの生活になると、今まで時間に追われて作れなかった、誰にも邪魔されず、じっくりと考える時間が増えます。

考える時間が増えるので、きちんと段取りする力が備わり、やるべきこと、捨てるべきことの優先順位をはっきりさせることができます。

その結果、仕事でも成果を残しつつ、定時で帰れるようになります。

残業が減った分、夜も自由な時間を確保できます。趣味のお稽古事《けいこごと》、家族や友人との食事など、プライベートもどんどん充実し始めます。早起きをしているので、夜は自然に眠くなり、規則正しい生活ができるようになります……。

そうしていくうちに、仕事も趣味もあきらめずに、何もかも全力投球できる自分に、いつしかなっていました。

これは、**「朝4時起き最強スパイラル」**といえる出来事でした。

今考えると、「朝4時起き」は、他人と比べてクヨクヨしていた自分から脱却し、すべての結果を自分のこととしてとらえ、腹をくって「攻める」姿勢に生まれ変わるための儀式だったのだと思います。

今はダメな自分だけれど、人が見ていないときに頑張れば、きっといつか日の目を見ることができる。早起きは、同僚や家族に内緒で、こっそり自分の価値を上げたいという、私の「コソコソ勉強」意欲を刺激するものでした。

このように私を劇的に変えてくれた早起きでしたが、もちろん最初は苦痛でしかありませんでした。でも、徐々に苦痛から快楽に変わってきました。なぜならば、得られるものがとてつもなく大きかったからです。目覚めのつらさを少し我慢すれば、望んだものがすべて手に入る。こんな喜びは、今まで味わったことがありませんでした。

朝4時起き。そう聞くと皆、目を丸くします。特に冬は、まだ外は真っ暗です。

「朝じゃなくって、夜中でしょ?」と、突っ込みを入れられそうです。

「よほど自分を律する意志が強いんだね」「ストイックだよね」とも言われます。

はっきりいって、朝4時起きは楽ではありません。でも、**起きるつらさに比べて、得られるものがとてつもなく大きい**のです。つまり、ストイックなのではなく、**欲張りだからこそ、私は朝4時起きを続けられている**のです。

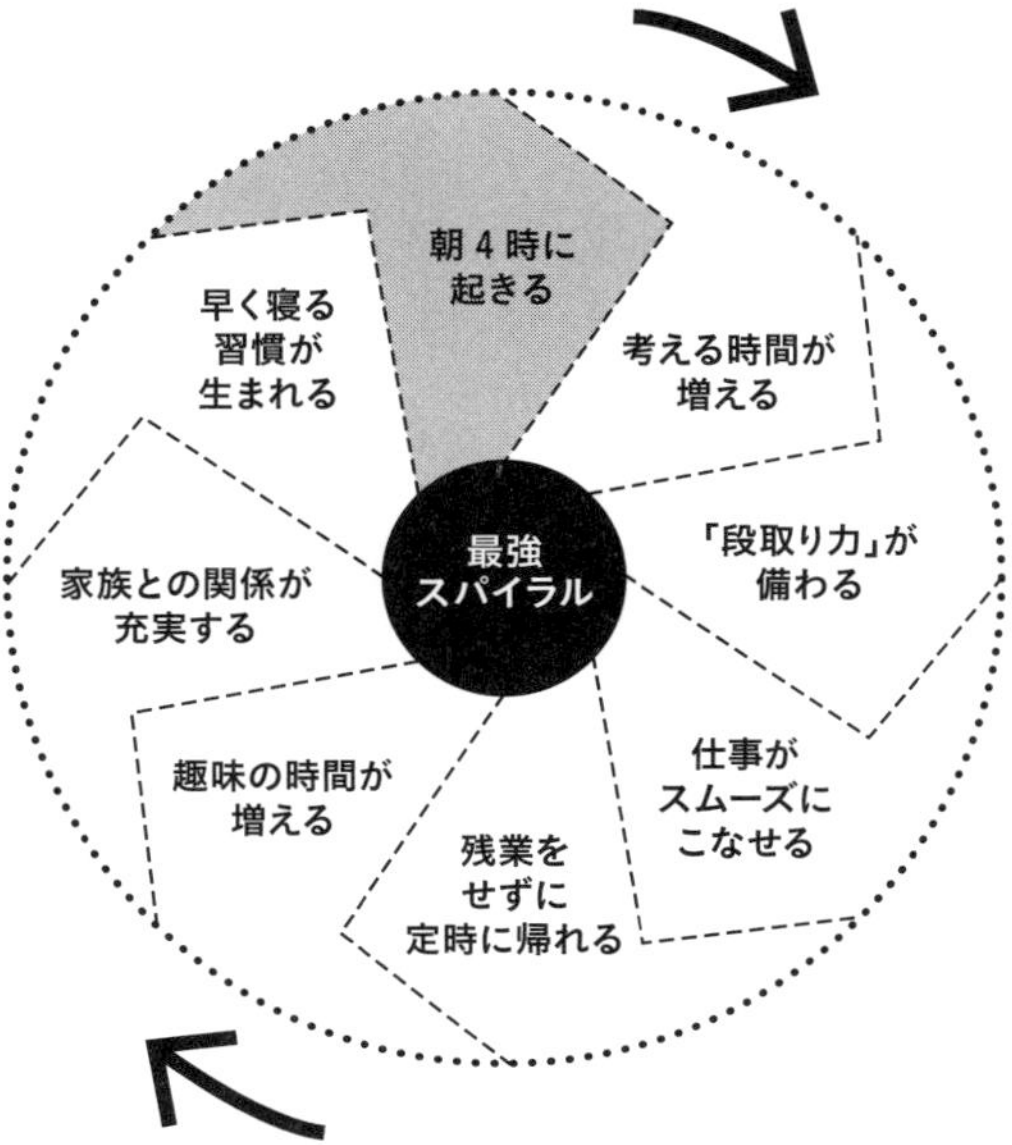
朝4時に
起きる
考える時間が
増える
「段取り力」が
備わる
仕事が
スムーズに
こなせる
残業を
せずに
定時に帰れる
趣味の時間が
増える
家族との関係が
充実する
早く寝る
習慣が
生まれる
最強
スパイラル

世の中には欲望があふれています。

新しい服が欲しい、ブランドバッグが欲しい、美味《おい》しい料理を食べたい、旅行をしたい、バリバリ仕事ができる人になって給料をたくさんもらいたい、痩せたい、幸せな結婚をしたい……。

快楽のための欲望もあれば、成長のための欲望もあります。ちょっと思い浮かべただけでも、キリがないほどです。その果てしない欲望が全部かなったらどんなに幸せだろう、と夢見る人も多いでしょう。

しかし同時に、「でも、そんなの無理……」と自分で自分にブレーキをかけている人が多いのも事実です。あなたも「そんなに欲張ったらバチがあたる」「そもそも全部かなえられるほど時間はないし」などと思っていませんか?

私も、最初はそう思っていました。でも、そうではないことに気づいたのです。

「欲張り」——。

本来は、あまりいい意味では使われない言葉です。でも、私は「欲張り」大いにけっこうだと思っています。なぜならば、**欲張りは、自分をもっともっとバージョンアップさせたいという意欲の裏返し**だと気づいたからです。

今の自分よりも、本当の自分はもっとできる人のはずだ！
自分はまだ本気を出していないだけだ！
今の自分には到底満足できない！
だからもっと頑張って、将来の「できる自分」に追いつきたい！

そんな、前向きな気持ちの表《あらわ》れなのです。
どんな時代にも、「周りがどんなに遊んでいても自分だけは頑張ってやる」「頑張っていればいつかきっと報われる、お天道様は見ている」と思ってコツコツ努力する人は必ずいます。私は、そのような気概がある人たちを親しみを込めて「欲張り」と呼んでいるのです。

欲があってこそ、その欲を満たそうとしてエネルギーが生まれる。欲をかなえ

たいからこそ、必死でどうすればいいか考えるのです。人間、何も欲を持たず、したいことがなかったら、いったい何のために生きているのでしょうか。ただ、時間の経過に身を任せ、老いて死ぬのを静かに待つだけですか？　そんな人生、私は嫌です。

「勝ち組」といわれる人や成功した人をうらやむよりも、「私もそうなりたい！」と欲張り、それを目の前にぶら下がるニンジンにして努力したほうが、よほど健全ではないでしょうか？

だから、もっともっと欲張っていいと思うのです。欲張ったら欲張っただけ、創意工夫が生まれます。その結果、得られるものも多くなります。

世は不景気の真っただ中。あと何年もつらい状況が続くともいわれています。いろいろな欲望を我慢しなければならない、といった雰囲気になっています。

でも、我慢のあげくに「こんなに我慢しているのに……なぜ？」と、自分の人生や他人の成功を呪うような人生を送ってほしくないのです。

自分が幸せになってこそ、周囲の人たちを元気にすることができます。自分の「欲張り」をもっと肯定してもいいのではないでしょうか。あなたには、もっともっと、欲しいものを手に入れる権利も能力もあるのです。

ただし、ここで注意しなければいけないことがあります。健全な欲望であっても、それには必ず我慢がついてきます。**我慢のごほうびとして、美味しい果実が手に入ります**。例えばダイエットしたい人なら食事を少し控える、試験に合格したい人は遊びの時間を減らす……と、人によって異なりますが、やはり**頑張ることが必要**だということです。

私の好きな言葉に、次のようなものがあります。

「忍耐の芽は固い。しかし、最後に結ぶ実は甘く柔らかい」

浪人時代、予備校の先生に教わった言葉です。

私は、頑張っている人は必ず最後に、頑張らない人よりも甘い果実を得られると信じています。最初は大きな努力で小さな成果しか得られない場合もあるかもしれませんが、努力の過程で得た経験はあなただけのものです。

そして、努力をするからには結果を出したいもの。ですから見当違いの努力をしないためにも、時間を効率的に使える朝の数時間をもっと活用しましょう！

世の中は甘くありません。とはいえ、「楽して」欲望を満たしている人がいるのも事実です。こういうやり方は魅力的ですが、「楽して」ということは、「自分の頭で考えないで」ということと同じです。ですから、楽して得た知識は、その同じ環境下でしか応用が利きません。つまり、状況が変わると再現できないのです。

しかし、努力して得たものなら、たとえそのノウハウが使い物にならなくなっても、もう一度努力と工夫で新しいノウハウを得ることができます。

もちろん、何かの拍子にポキンと折れて心身に傷を負ってしまうような、見当違いの頑張りすぎはよくありません。Chapter2で述べますが、私も昔は見当違いな頑張りで、過食症・拒食症を繰り返したこともあります。でも、朝4時起きをすることで、頑張りの方向を適切に修正できるようになりました。

「頑張る」とは、体力作りにたとえれば「筋トレ」のようなものです。普段から基礎体力をつけておかないと、いざというときに踏ん張りが利きません。また、知識もなしにやみくもに筋トレしても、体を傷めるだけで強くはなれません。

「頑張る」とか「根性」とかいうと、なんだか泥臭くてカッコ悪い、時代遅れだと感じる人が多いかもしれません。でも、〝根性上等〟じゃないですか。大歓迎です。**人の一生は、メリハリがついていてこそ楽しい。生涯、頑張らないで過ごすことほど、つまらない生き方はないと思っています。**

凡才が天才や秀才に勝つためには、徹底的に頑張る時期が必要です。そのひとつが、これからご紹介する「朝4時起き」なのです。

この本は、「誰でも簡単に朝4時起きができます」という、絶対的なコツを教えるような夢の本ではありません。私自身のさまざまな体験や情報から得た知識を組み合わせて検証、構築した早起きメソッドも紹介していますが、それも強固な意志があってこそ続けられるものです。その点、単なるお気軽ノウハウ本とも違います。

この本は、「早起きが簡単にできる本」ではなく、「**早起きしてできた自由な時間と少しの自信で、どうやって夢を実現させていくかを決めるための本**」です。

つまり、あなたの有限な時間を思いきり有意義に使うための手段として「朝4時起き」のライフスタイルを紹介する本なのです。

「私は早起きしたいからこの本を買ったのに、強固な意志が大事なんて、身も蓋《ふた》もないじゃないい！」

と、お怒りになる人がいるかもしれません。しかし、怒る前に一度、自問自答してみてください。

「私は、早起きをして何を実現したいのだろうか？」

誰でも朝は眠いものです。目が覚めているときには「あれもしたい、これもしたい」と欲張っているあなたも、その思いが眠気に勝てなければ起きることはできません。**「早起きしたい」と思う前に、「何のために早起きをするのか」を考える。つまり、目的意識を明確にすることが、早起きを続ける一番のコツなのです。**早起きのつらさを上回るメリットがなければ、決して早起きはできません。

朝4時起きを続けることはたしかに苦しいかもしれません。つらいかもしれません。でも、歯を食いしばって早起きすることで得られる果実は、とてつもなく大きくて甘いものだということを忘れないでください。

自分は要領が悪い。

何をやってもうまくいかない。

今はダメな自分で、落ち込むことも多いけれど、いつかは絶対に、目指す自分に近づいてみせる！

そんな「欲張り」なあなたには、ぜひ朝4時起きをお勧めします。

朝4時起きの努力は、必ず報われます。朝4時起き習慣を身につけることで、少しずつ自分を肯定し、成功体質に近づいていけるようになるのですから。

あなたの力をこのまま眠らせておくのはもったいない！

何の取り柄もないこんな私でもできたのです。あなたにできないわけがありません。

さあ、一緒に朝型生活を満喫しましょう！

Contents

「朝4時起き」で、すべてがうまく回りだす！

Chapter 1 少しでも楽に朝4時起きをするには？

Chapter 2

そもそも私が早起きを始めた理由

Chapter 3 朝4時起きで得した時間を仕事に活かす

2 外資系コンサル会社で学んだこと、実践したこと——153

Chapter 4
朝4時起きで最適なワーク・ライフ・バランスを！

Chapter 5

ワークとライフを上手に融合させる方法

Chapter 1

少しでも楽に朝4時起きをするには？

「朝4時起きで、朝型生活を満喫!」とお題目を唱えても、どうすればそんな突拍子もない時間に起きられるようになるのか、疑問を感じる人がほとんどだと思います。

誰だって、早起きはつらいものです。他のどんな欲よりも睡眠欲を優先させようとして、いろいろな言い訳を考えてしまいます。「よし、明日から、絶対早く起きるぞ!」と思って寝ても、朝になると、「あー眠い。あれ? 何で私、早起きしようとしてるんだっけ? 今日絶対しなきゃいけないんだっけ? いや、起きなくても、何も不都合はないよなー、だからいいや、寝ちゃおう!」となりがちです。

こうした「早起きしなくてもいい言い訳」を排除し、早起きとはこういうものだと「思考を硬直化」し、自分があたかも機械になったかのように早起きするためにも、「割りきり」と「仕組み化」が必要なのです。起きたら、ごちゃごちゃ考えずにこうする! と最初に決めてしまえば、徐々に体が反応するようになります。淡々と早起きするためのメソッドを、まずは覚えてください。

1 朝4時起きを楽勝にするための「割りきり」

割りきり1
朝起きるときは、早くても遅くても、誰でも眠い

二度寝の誘惑、よくわかります。でも、よく考えてみてください。**二度寝しても、結局起きるつらさは変わらないのです。**変わらないどころか2倍になります。誰でもつらい、起きるという行為を一日に二度繰り返すくらいなら、一度ですませたほうがいいに決まっています。

二度寝の誘惑に負けそうなときは、くだくだと「早起きしなくてもいい言い訳」を探す前に、「朝起きるときは、早くても遅くても眠い」と呪文のように繰り返すことで、私は早起きの習慣を確実なものにしてきました。

割りきり2

目が覚めたら何も考えずに起き上がる、と決める

どうして二度寝する言い訳を考えてしまうのでしょうか？

それは、横になってグタグタしているからです。考える余地も与えないように、目覚めたら反射的にガバッと起き上がってしまうのです。一度起き上がってしまえばしめたもの。もう、体が「起きるもの」と理解するから、自然と目が覚めてきます。

割りきり3

朝の少しの我慢で、一日のストレスが格段に減る

朝4時起きすると、始業までの時間で仕事をどのように進めていくかのシミュ

レーションを十分に行うことができます。段取り力が高まるので、残業も減ります。その結果早く家に帰ることができます。したがって、家族との十分な時間も確保できるようになるのです。

つらいのは朝の一瞬だけ。その一瞬を我慢することによって、一日を有意義に過ごすことができるのです。**夜の帰りが遅くて文句を言う家族はいても、早起きで文句を言う家族はいません。**

知り合いの主婦の話ですが、彼女は仕事で夜遅い夫のために、毎晩料理を作って帰りを待っています。でも、「今から会社を出る」と連絡があってもなかなか帰ってこない。事故にでも遭ったんじゃないかとか、お腹が減っているだろうなとか、気が気でない。だから、やっと帰ってきた夫に、ついきつくあたってしまうそうです。

朝４時起きで段取り力を身につけた私は、このような話を聞くにつれ、早起きすれば早く帰れるのに、と残念に思います。

それに、朝なら、残業と偽って浮気？　とか、悪い遊び？　とか、あらぬ疑いをかけられることもありません。朝の4時なんて、そもそも24時間営業のファミリーレストラン（以下、ファミレス）くらいしか開いていませんからね。朝4時起きは、家族も幸せにしてくれるのです。

2 朝4時起きを楽勝にするための「仕組み化」

仕組み化1 早起きしない家族と、あえて一緒の部屋で寝る

家族と同居している人の場合、「自分の早起きのせいで家族が起きてしまって、迷惑をかけてしまったら悪いなー」と、思うかもしれません。パートナーや子供とは部屋を変えて、迷惑をかけないようにしようと考えている人もいると思いますが、私は**あえて同じ部屋で寝る**ことをお勧めします。その理由は2つ。

1. 寝る前の家族との会話が大事なコミュニケーションなので、その機会を奪ってまで早起きの目的を達成するのは本末転倒だから。
2. 家族にかける迷惑を最小限にしながら、いかに一瞬で早起きできるかを自分の中でゲーム感覚で競うことで、どんどん早起きがうまくなるから。

私は夫と同じ部屋で寝ています。朝は私だけひと足早く起床し、夫が起きてくるのを待たずに出かけるので、就寝前の会話が大事なひと時です。今日一日あったこと、感じたことなどを話して眠りに就きます。この時間は自分にとってとても重要なので、部屋を別にすることは考えていませんし、夫もそれを望んでいません。そうなると心配なのは朝のこと。私の早起きに夫を巻き込むのは悪いので、目覚ましの音ではなく振動で起きようと思い、腕に着ける音なしタイプの目覚まし時計を使ったりもしました。たしかに振動で起きるのは効果的だったのですが、二度寝も簡単だったという現実が！　音が鳴らないから、夫に迷惑をかけていない。そんな安心感から、一度起きた後にまたすぐ寝てしまうのです。

そこで、目覚まし時計で起きることにしました。当然のことながら、目覚まし時計は音が鳴ります。鳴りっぱなしにしておくと、夫も目が覚めてしまいます。それを防ごうと、目覚まし時計が鳴った瞬間、その音を一瞬で消して、すぐにガバッと起き上がるべく努力するようになりました。そうすることで夫への迷惑も最小限ですみます。この**プレッシャーをまるでゲームのように楽しむ**のです。

最初はなかなかうまくいきませんでした。一度止めた後、あと30分、あと20分……と、毎回ダラダラと目覚まし時計の針を遅らせて二度寝、三度寝をする毎日。安眠妨害を静かに我慢し続けていた夫がとうとう切れて、「いい加減にしてくれよ。俺の身にもなってよ」と、怒られたこともありました。でも、この「目覚ましゲーム」をするようになってから、格段に二度寝が減りました。

一人暮らしの人は、あえて隣近所に鳴り響くくらい大きな音の目覚まし時計を使うことをお勧めします。隣近所に朝っぱらから迷惑をかけるわけにはいかない……、そのプレッシャーを前向きに活かすことができるからです。

仕組み化2
熱いシャワーで シャキッと目覚める

「目覚ましゲーム」で一気に起き上がった後は、思いきり伸びをし、冷蔵庫で冷やしておいたおしぼりを首筋に当てます。そうすると、一気に目がパッチリ。その後、すぐに熱めのシャワーを浴びます。お風呂やシャンプーは前日にすませてあるので、体をさっと流して、顔を洗い、歯を磨くだけですが、この儀式をすませると、もう朝の戦闘モードです。

寝ている間は、冬場でもコップ1杯程度の汗をかくといわれています。シャワーで汗を流すことで朝から清潔で、気分よく過ごすことができます。また、朝のシャワーは**流水による肌への刺激や温度によって、交感神経を刺激するそうです。交感神経が活性化すると興奮し、やる気が高まります。**東京ガス都市生活研究所の研究によると、朝にシャワーを浴びた場合の目覚めの効果は、「コーヒーを飲んだとき」よりも大きいそうです。

このシャワーによる朝の儀式、たまたま汗かきの夫が習慣としてやっていたものを真似しただけなのですが、これが効果抜群でした。

コラム❶　目覚めのお勧めアロマ

いい香りは人を幸せにします。お気に入りの香りのシャンプーやハンドクリームなどを使うだけでも気持ちがリフレッシュできるものです。また、精油を使ったアロマオイルには、リラックス効果の他に、体調不良を改善させるような薬効的な効果もあるそうです。

アロマスクールを経営している知人に「朝に効くアロマ」として教わって以来、私は毎朝グレープフルーツのアロマオイルをタオルに数滴垂らし、香りをかぐようにしています。すると、さわやかな香りに気分がシャキッとして、目が覚めるのです。

彼女によると、さわやかで頭がスッキリする「ローズマリー」「ユーカリ」「ペパーミント」「レモン」などの香りもお勧めだそうです。

※精油は植物の有効成分が凝縮されたものなので、持病がある方、妊娠中の方は専門家に相談してから使用すると安心です。

仕組み化3 ブログで不特定多数に向かって早起き宣言をする

私は、ブログやＳＮＳなど、不特定多数が見てくれる場所に目標を宣言すると夢がかなうと思っています。

これまでワインエキスパートを受験する際も、チーズプロフェッショナルを受験する際も、ブログ上で宣言してきました。なぜなら、ブログに書いて、家族や友人、その他不特定多数が見ている環境を作ると、後には引けない状態に自分を持っていくことができるからです。

この経験から、２００９年ホノルルマラソン完走を目指して、ランニングの記録をブログに書いていました。

自分をどんどん追い込んで、目標を達成せざるを得ない状況、達成しないと恥ずかしい状況を作ることで自分の行動を前向きに矯正します。ブログに勉強の進捗状況や時間の使い方などを書き込むことによって、自分との小さな約束、読者との約束を積み重ねていくのです。

また、ブログに淡々と勉強の記録や走行記録をつけることで、後で見返したときに、「自分はこれだけやったんだから、大丈夫！」と、根拠はないけれど、確固たる自信を持つことができます。プレッシャーを前向きに転換させることができる、もっとも身近で手軽なツールがブログなのです。

さらに、ブログに書くと記憶が定着するという効果もあります。ワインエキスパート受験のときは飲んだワインを写真に撮って記録することにより、「あ、この前ブログに書いたあのワインだ！」と記憶のフックになりました。

朝4時起きも同様に、ブログに書くことで周囲の目を利用してみましょう。最近は次のようなサイトも公開されているので、うまく活用する方法もあります。

・「朝時間.jp」(http://www.asajikan.jp/) の中の「ひとこと朝宣言」

会員登録して、ネットで毎日、朝の宣言ができるもの。公開、非公開設定がありますが、自分にプレッシャーをかける意味では、公開設定がお勧めです。

・「生活改善応援サイト早起き生活」(http://www.hayaoki-seikatsu.com/)
無料会員登録すると、自分が何時に起きたかのグラフを作成できます。できたグラフはブログに貼りつけることもできます。

・「ねむログ」(http://www.nemulog.jp/)
起床時間だけでなく就寝時間もチェックできるので、体のリズムを知ることができます。携帯電話からも入力できて便利です。

仕組み化4
あえて「やり残し」を作り、自分を追い込む

自分を追い込んで、未来の自分と現在の自分のつじつまを合わせる方法がもうひとつあります。**朝、絶対起きないと間に合わない仕事をやり残す**方法です。

外資系コンサル会社時代、そろそろ帰ろうかというときに急な仕事が入ってくると、私は可能な限り、次のように交渉していました。

「夜ダラダラ時間をかけてできたものより、朝、限られた時間で一気に作ったもののほうがクオリティは高いですよ。私は朝型で、朝は何時でも出社することができるから、朝にしませんか？　夜、早く帰らせてもらう代わりに、朝なら思いっきり成果を出します」

こうやって**仕事を朝にあえて残すことによって、間違いなく早起きができます**。というより、早く起きないと仕事に穴をあけて大変なことになります。

もちろん、朝の時間だけでは到底間に合わないような仕事を安請け合いすると、自分の信用に関わってきますので、何でもかんでも朝に回すというわけにはいきません。

しかし、緊張感を持ってハイパフォーマンスで臨むために、仕事をわざと翌朝に残すのもひとつの有効な方法です。

仕組み化5
前日に「朝やることリスト」を作り、自分を追い込む

「仕組み化4」の追い込み方式は、ちょっとリスキーで心臓に悪そう……。そう思う人は、**今日やるべきことは今日すませたうえで、次の日の「朝やることリスト」を寝る前に作成**しておきましょう。

人間は、中途半端なことを気持ち悪いと思う習性があります。例えばテレビをつけると、つまらないと思いつつも、区切りのいいCMのところまで……と、つい見続けてしまう。そんな経験があると思います。この習性を前向きに利用するのです。

詳しくはChapter3の「手帳活用法」で説明しますが、「明朝やる！」と決めたリストを寝る前に書いておきます。自分は早起きして何をしたいのか、何のために起きるのか。それらを明らかにして、やるべきことを一つひとつリス

トアップしておくのです。そのリストを「済」マークで埋めたい、まだ埋めていないから気持ちが悪い、と思えるようにします。

ぼんやりした目標しか頭にないと、それは急ぎじゃないし、いいや……と、「起きない言い訳」ばかりを考えてしまいがちです。しかし、翌朝やるべきことを前日にリスト化しておけば、二度寝しそうになったとき、「あっ、そういえば私、今朝、これとこれをやろうとしていたんだ。やらなきゃ！」と思えるようになります。

自分との約束を守る。それが自分の自信につながっていくのです。

仕組み化6
休日の朝はマル必の予定を入れ、朝寝坊を防ぐ

平日は気合を入れて朝4時起きしていても、土日にはつい寝坊してしまうことがあるでしょう。たまには、それもよし、とは思いますが、あまり長く寝るとか

えって体の調子が悪くなったり、気づいたら午後で、せっかくの休みを無駄にしてしまった気がして落ち込むこともありますよね。

このような事態を防ぐには、わざと、**土日に朝イチでアポを入れてしまう**ことです。しかも、遅刻してても笑ってすませられるような予定ではなく、遅刻したら大変なことになるような予定を入れるのがお勧めです。

美容院や歯科医院といった事前予約が必要なところは、自分より前に予約した人の都合で開始時間が前後する場合があります。でも、朝イチで予約を入れればあなたが一番先なので、次の予定がズレるということも防げます。

例えば私の場合は、ドタキャンすると迷惑がかかる行きつけのサロンを予約したり、大事な打ち合わせを自宅から1時間以上かかるところで行ったり、ということをします。そういったプレッシャーがあると、金曜の夜でも飲んだくれて朝までコース、などということはなくなります。

コラム② 「やる気スイッチ」を仕込んでおく

朝の気分で一日が左右されるといった経験は、誰しもあるでしょう。例えば、いつもは見えない富士山が朝の電車からきれいに見えたり、会社までの信号が全部青だったり、そんな些細《ささい》なことでラッキー！　と思うものです。こうした「ラッキー」な気分は、意図的に作り上げることができます。

私は現在、朝起きてすぐ仕事を始めることが多いので、起きたら最初にパソコンを立ち上げます。つまり、パソコンの画面が朝イチで目につくものなので、そこに自分のテンションが上がるようなものを表示させておくのです。私の場合は、かつて引いた「大吉」のおみくじをスキャンして、スクリーンの真ん中にドカンと置いて、いつもながめられるようにしています。すると、「そうだ、私って大吉のラッキーガールなんだ！」と、朝からテンションが上がるのです。

お子さんの写真でも、お気に入りのワンちゃんの写真でも、何でもいいのです。朝一番に目につくところにテンションが上がるものを置いておくだけで、朝のエネルギースイッチがオンになります。

仕組み化7
早起きできた自分にごほうび大作戦

1週間続けて朝4時起きできたら、ちょっと贅沢なエステを奮発したり、美味しいワインを開けたりと、**小さな目標を達成するごとに自分にごほうびをあげましょう。**このように目の前にニンジンをぶら下げると、早起きの原動力になります。

達成度を目に見える形でグラフ化することも効果があります。その際のポイントは、**決して人と比べずに、過去の自分と比べる**こと。

例えば、46ページでご紹介した「生活改善応援サイト早起き生活」では、他の人が何時に起きたかどうかなどの情報もグラフになって出てきます。それを見て「あの人は4時だけど、私はいつも6時にしか起きられない」などと落ち込むのはナンセンス。自分の今までの起床時間を把握し、それよりも早く起きられた日が一日でも増えたかどうか、を気にしてください。

小学生のころ、テストでいい点を取ったとき、先生に「はなまる」マークをつけてもらえると、くすぐったいような、うれしいような気分になったことを覚えていますか？　この感覚が、じつは早起きの達成のためにも使えます。

早起きができた日は手帳に「はなまる」をつけるのです。「はなまる」がついたときの達成感は格別です。手帳にいっぱいになった「はなまる」を見るのが楽しくなります。「よし、明日もやるぞー！！」と、元気がみなぎってきます。「子供じゃあるまいし……」と思われるかもしれませんが、そんな小さな積み重ねが自分の成功体験となり、早起きを後押ししてくれるのです。

また、家族に褒めてもらう作戦も効果的です。よく、「叱咤激励してこそ部下は育つ」と勘違いしている上司がいますが、それは昔の話。最近は「褒められて育ってきた」人が多くなりました。**人にもよると思いますが、少なくとも私は褒めてもらいたい、認めてもらいたい**のです。

私は小さいころから、どちらかというと「褒められ下手」でした。褒められることに慣れていないから、反射的に「いや、でも、たいしたことないよ」と否定してしまっていました。

ところが、結婚によって変わったのです。夫は、ほんの些細な目標を達成したときにも、大袈裟なくらい喜んでくれます。最初のころ、宣言どおりに朝4時起きがなかなかできなかった私を、「何でできないの?」と責めることなく、1週間に一日でもできると「よくやったね」と褒めてくれました。「褒められたいから頑張ろう!」という気持ちが盛り上がる。その繰り返しが小さな達成感になり、**小さな達成感がやがて大きな成果に**つながっていきました。

だまされたと思って、家族に「褒めて!」とお願いしてみましょう。最初はお互い照れ臭いかもしれませんが、ゲームのように褒め合っているうちに、だんだん心から認め合うようになり、目標がどんどん達成できるようになっていきます。

家族と同居していない人でも、メールや電話で励まし合うという方法もありますし、友人に褒めてもらう手もあります。自分一人で頑張ろうと思わずに、周囲をどんどん巻き込んでしまいましょう。

コラム3 たまには「ごほうび睡眠」で自分を癒そう

区切りごとの「十分な睡眠」を「ごほうび」にするという手もあります。

私は過去に、ワインエキスパートやチーズプロフェッショナルなど趣味の資格に合格した日は、「うわーー!!!　やったーー!!!!」と思いっきり喜んで、頭が痛くなるくらいまで寝たこともあります。それがごほうびになって、また新たに自分が生まれ変わっていくような感覚があるのです。

自分は精一杯やった。明日はゆっくり寝る!　と思えるくらい充実感のある一日だったら、いくら朝4時起きの習慣が身につきつつあったとしても、いったん休憩してギリギリまで寝てもかまわないのです。

人間は達成感を欲しがる生き物ですから、「よくやった、私!」と評価できた段階で区切りをつけてしまえばOKです。そのメリハリが、人生に彩りを与えてくれます。

3 自分の睡眠パターンを把握する

6～8時間睡眠があらゆる人に適しているわけではない

朝4時起きは素晴らしい。でも、朝4時起きじゃなくても大丈夫。

こう書くと、矛盾しているように思われるかもしれませんが、私は誰に対しても「朝4時起きは素晴らしい！」と強調するつもりはありません。なぜなら、**人間の生活パターン、体質、体調、性格などによって、最適な睡眠量は違う**からです。人それぞれの早起きのスタイルを探り、早起き生活の手助けをすることが、この本の目的なのです。

私も朝4時起きに落ち着くまでには、さまざまな試行錯誤がありました。大学受験のときは、22時就寝5時半起床の7時間30分睡眠。次に、23時就寝で5時30分起きの6時間30分睡眠へ移行。そこから徐々に調整して、現在の22～23時就寝

4時起床の5〜6時間睡眠に落ち着きました。

「いつも8時間寝ているから」

「8時間寝るべきだとテレビで言っていたから」

といった安易な理由で睡眠時間を取っていませんか？　その8時間は、本当に自分にとって最適な量なのでしょうか？　なんとなく、一般的にそう思われているから続けているという人も多いのではないかと思います。

巷《ちまた》では**最低でも6時間睡眠、できれば8時間睡眠が理想という説**が流布しています。しかしこれは一般論であって、**すべての人がこれだけの睡眠が必要というわけではありません。**一日に2000キロカロリー以上食べても全然太らない人もいれば、1200キロカロリーだけでも太ってしまう人がいるのと同じです。6時間から8時間睡眠がベストという説が自分にも当てはまるのか、ちょっと疑ってみるべきです。

そこで、自分の最適な睡眠リズムをつかむためにも、**集中力が維持できて生産性も上がるギリギリの睡眠ラインを検証**しましょう。

この検証は、だいたい2～3週間かかります。そのためのステップは2つです。

1．最初の1週間、90分単位で睡眠時間を増減させてみて、自分が最も集中力を維持でき、かつ意識がもうろうとしてこないギリギリのラインを探る。

2．次の週から1をもとに、自分の3つの睡眠時間ライン（最低・適正・超過）を設定する。

まず1ですが、人間はレム睡眠（脳は動いていて体が休んでいる状態）とノンレム睡眠（脳も体も深く休んでいる状態）を繰り返します。レム睡眠のときに起きると目覚めがよく、その周期はおよそ90分単位で訪れます。そこで、**90分単位で睡眠時間を短くしたり長くしたりして、その日の体調、眠さを1週間検証**してみます。一般的には4時間半、6時間、7時間半の3パターンを2日ずつ（残り一日の睡眠時間は体調や状況に応じて判断）試してみるのがいいでしょう。

　ただし、この時間は実際に眠りに入ったときから数えて90分単位です。横になったとたんすぐに寝られる人は別ですが、そうでない人は20～30分プラスした時間、つまり、90分×（3 or 4 or 5）＋αの時間をベッドに入る時間として試してみましょう。その際、手帳に、何時間眠ったとき自分はこう感じた、と記録しておきます。すると、「この睡眠時間では眠すぎて、仕事が手につかなくなっちゃう」とか、「この睡眠時間だと、最初は眠いけど、なんだか調子がいいかも」というように、自分の体のリズムを知ることができます。こうして1週間、自分の体と対話し、何時間睡眠なら大丈夫かを探ります。ここで割り出されたのが適正睡眠ラインです。

最低睡眠ライン＝次の日ちょっと眠いけれど、なんとか大丈夫なライン
適正睡眠ライン＝1で検証したライン
超過睡眠ライン＝寝すぎて頭がボーッとしてしまうライン

　このラインが自分でわかってくると、例えば以下のように、**自分で自分の睡眠**

をコントロールすることができるのです。

・夜、飲み会があって帰りが遅くなったけれど、最低睡眠ラインさえ守って寝ればギリギリ集中力が維持できるから、今日は○時間睡眠にしておこう。

・今日は疲れているし、明日も余裕があるから、適正睡眠ラインから超過睡眠ラインの間まで寝よう。

ちなみに長年の調整の結果、横になったとたんすぐに寝られる私の最低睡眠ラインは4時間、適正睡眠ラインは5〜6時間、超過睡眠ラインは8時間だとわかりました。したがって22〜23時就寝4時起床にしているのです。飲み会などで就寝が遅くなってしまったときは、その分後ろに就寝時間を伸ばし、次の日の予定によって4時間か5時間後に起きるようにしています。

ただし、ここでいう適正睡眠ラインは、集中力が出て、眠くならない「ギリギリ」の時間なので、ひどく疲れているときや特に予定がない休日は、6時間以上8時間以下の睡眠時間を取ることもあります。

4 失敗した！ というときはどうする？

朝4時起きに失敗しても、6時前

「あー、今日も寝坊しちゃった……。私って、ホント意志薄弱だー……」

寝る前にあれだけ固く誓った早起きができなかったら、誰でも落ち込みますよね。

でも、そんなときはちょっと発想を変えてみてください。**朝4時起きしようと思っていたのに、例えば「あと10分……」を10回繰り返してしまったとします。それでも、まだ5時40分。ほら、まだ早起きでしょう？**

「私は朝のまどろみが好き。〈あと10分〉がない生活なんて考えられない！」

そんな人でも、4時に時計をセットすれば、寝坊しても6時前に起きられるのです。いつも7時や8時に起きている人にとっては、6時前に起きられたらだいぶ充実度が違うと思います。だからだまされたと思って、朝4時起きに挑戦してみましょう。

そして一番大事なのは、**早起きに失敗しても自分を責めない**ことです。頑張って起きると、一日が長く感じられて得した気分になります。新たな目標に挑戦するときって、ドキドキワクワクしますよね。そんな気持ちを抱けたというだけでも、素敵なことだと思いませんか？

最初は行動が伴わなくてもかまいません。そのうち、自分の宣言と行動が伴わないことに気持ち悪さを感じるようになります。

その気持ち悪さを「埋めよう」と思うことによって、少しずつ前進していきますから大丈夫です。「続かないからやめる↓また始める↓やめる↓……」の繰り返しから最終的に脱却するための**秘訣は、「決してめげない」こと**なのです。

お酒を飲んでも気にしない

私の趣味のひとつは飲み会です。〝転勤族〟の父親を持ち、転校を繰り返したせいか、長年、コミュニケーション下手に悩んでいた私ですが、お酒の場がもたらすリラックスした雰囲気の中だと、自然と心を開くことができるようになりました。だから飲み会の誘いにはなるべく参加するようにしています。そんな飲み会好きの私の話を聞くと、「飲みながら早起きするなんて、嘘じゃない？」「ホントに起きてるの？」と疑いを持たれます。

じつは、私はあまりに夜遅くまで飲んだ翌日は、朝4時起きはしていません。なぜならば、**朝4時起きは目的ではなく、あくまでも手段だから**です。飲み会の翌日、フラフラなのに、かたくなに朝4時起きしてその日の仕事に支障をきたす、などということになったら社会人として失格。本末転倒です。

飲み会の次の日は5時半起きに変更、土日は7時起きに変更などとフレキシブルに対応するのが、朝4時起きを長く続けるコツでもあるのです。

では、飲み会があるとき、具体的にどのようにして調節しているのか。先ほど説明したとおり、私の最低睡眠ラインは4時間なので、最低でもそれだけは死守するようにしていますが、それ以外にも気をつけていることが3つあります。

1．お酒を飲むと同時に、**お茶やお水などの水分も一緒に摂る**。

2．飲み会の開始時間はなるべく早く設定し、終了の時間もなるべく早くなるよう、段取りを工夫する。

3．なるべくコース料理を注文し、気の進まない二次会には参加しない。

最近、日本酒を出す気の利いたお店だと、お酒と一緒に「和らぎ水」という同量のお水を出してくれます。日本酒と同量のお水を、交互に飲むことによって**悪酔いを防ぐ**ことができますし、お酒のせいで判断力を鈍らせることがなく、楽しくお酒を飲むことができます。さらに、**酔いが翌日まで残りにくくなる**ので、早起きも問題なくできます。

また、飲み会は、**さっさと始めて、さっさと終わるように心がけます**。そのために、自分が主催者になるのがよい手です。スタートが早ければ、その分終わるのも早いので朝にも支障がありません。スタートを早くするためには仕事を早く終わらせる必要が生じますが、段取り力が問われるこの作業も、早起きしてしっかり考えておくようにします。だから、ダラダラ朝まで飲む、ということはめったにありません。

飲むときは飲む、でもメリハリをつけて飲む。その気持ちがあると自然と心が引き締まります。

さっさと終わらせるためのコツをもうひとつ。**コース料理を注文する**ことです。アラカルトで頼むと注文は際限なくできますが、コース料理は基本的に2時間程度で全部の料理が出揃います。料理が出揃い、食べ終わった後は自動的に終了モード。ここでお茶を飲みながら長居するのは美しくないし、お店にも迷惑がかかるので、自動的にお開きの雰囲気になります。終了時間が読めるので、睡眠時間が減ることを心配する必要もありません。

また、コース料理だと、料理もたくさん出てくるのでお腹もほどよくいっぱいになり、満足感があります。その結果「何か物足りないから、二次会に行くか！」ということがなくなります。フレンチやイタリアンのコースともなると、お値段もそれなりに張りますが、二次会で食べもしない料理を囲みながらダラダラと貴重なお金と時間を浪費することを考えると、美味しいものをゆっくり楽しんだという満足感があるので、最終的にはよっぽどお得です。

「5時間睡眠があなたの適正睡眠ラインだということはわかった。でも、寝る時間と起きる時間が一定していないと、体がついていかないいんじゃない？　23時に寝て朝4時起きしたかと思ったら、次の日には夜中の2時に寝て朝7時起き。それじゃあ調子が狂うでしょ？」

これもよく聞かれますが、自分の睡眠ラインをしっかり把握していれば大丈夫。**自分が何時間寝ればこうなる、ということさえ知っていたら、予定が少しくらい狂っても軌道修正なんて簡単**です。

眠れない！　というときの5カ条

早起きが習慣になると、自然に夜は眠くなって、ぐっすり眠れるようになります。私の場合、たいていはベッドに入ったら10分以内に熟睡できるので、寝つきの悪さに苦労することはありません。ポイントを守って早起きの習慣を作ることができさえすれば、不眠は解消されます。

それでも、朝型に切り替える移行期や、たまに夜遅くまで根を詰めて仕事をしたときなど、その興奮をベッドまで持ち込むせいか、眠れなくなるときもあるでしょう。そんなときはこんな工夫をしてみてください。

・日本酒のお燗や温かいカクテル（ブランデーミルク、ホットウィスキー、ホットワインなど）を飲む。お酒が苦手な人は、三年番茶を飲む。
・朝の電車で寝てもＯＫだが、帰りの電車では寝ない。
・寝る前に軽いストレッチをする。
・「睡眠仲間」を作る。
・眠れなくても死ぬわけじゃない、と割りきる。

●ホットドリンクが安眠を誘う

私はお酒が好きなので、眠れない場合は、よくお酒の力を借ります。お酒は興奮するし、次の日起きられなくなるからよくない、という説もありますが、それは大量に飲みすぎたときの話。私の経験では、寝る前にちょっとお酒を飲むと、ふんわりと眠気がやってきて、気持ちよく眠れます。

日本酒のお燗は、日本人の主食、お米でできたお酒です。蒸留していないのでアルコール度数も焼酎より低く、他のどのお酒よりも日本人の体に負担をかけないお酒だと思っています。純米酒だと、製造段階で醸造用アルコールを添加していないせいか、ツンとするアルコールの刺激臭も少なく、体に負担がかかりません。今は簡単にお燗をつけることができる酒燗器も安く売っていますので、持っておくと便利です。

ブランデーミルクは、温めた牛乳や豆乳にブランデーを適量入れたものです。甘党の人はブランデーの代わりにカシスリキュールやカルーア（コーヒーリキュール）を入れても美味しいです（ただし、カルーアはカフェインが入っているので控えめに）。

ホットウィスキーは、ウィスキーをお湯で割り、レモンをしぼって、お好みで砂糖を少し入れます。

ホットワインは、赤ワインにオレンジを輪切りにして入れて煮立て、シナモン、クローブなどのスパイスと、お好みで砂糖を加えたものです。

寝る前にお酒を飲むときのポイントは、温かい飲み物にすること。冷たい飲み物だと胃袋がびっくりしてしまい、目が覚めてしまうのでよくありません。

私はよく三年番茶も飲みます。三年番茶とは、茶葉を3年寝かせて、じっくり焙煎したお茶です。やかんに茶葉を大さじ3杯程度入れて10分ほど煮出し、漉《こ》して飲みます。熟成されているのでカフェインなどの刺激物が少なく、やさしい味がします。したがって、心を落ち着かせる効果がありますので、お酒が飲めない人にはこちらをお勧めします。

●朝の電車で寝てもOKだが、帰りの電車では寝ない

早起きだけれど寝つきが悪いという知人が心がけていることは、帰りの電車で寝ないことだそうです。

電車の揺れは心地好いですよね。仕事でぐったり疲れた会社帰り。電車に乗って、やっと目の前の人が降りた。さあ、座れる！　このスキにちょっと寝ちゃおう……。そんな誘惑があなたを襲うと思います。

でもちょっと待って！　朝の電車で寝てしまったとしても、帰りの電車で寝る

のは控えましょう。なぜなら、ここで睡眠を取ってしまうと、その分、頭が冴えてしまう可能性があるからです。誘惑には負けずに、睡眠は家で横になるまで我慢しましょう。

●寝る前に軽くストレッチをする

前述の寝つきが悪い知人が心がけていることのひとつが、就寝前のストレッチです。

仕事で筋肉が凝り固まっているところを、ベッドの上でゆったりほぐしていくそうです。すると、体が温まり、熟睡しやすくなります。体を動かすことはストレス解消にもつながります。

●「睡眠仲間」を作る

私は、「朝9時までの時間で、ビジネスの基礎体力をつける」をテーマに、「Before 9プロジェクト」という勉強会を主宰しています（詳しくは後述します）。

このプロジェクトを始めるにあたって、朝に興味がある人たちと話していて盛り上がったのが、「決まった時間にみんなで一斉に寝るように、メーリングリストやSNSのコミュニティでお休みメッセージを出し合うのがいいんじゃない？」というアイデアでした。つまり「早寝の会」を立ち上げて、早寝のノウハウをどんどん共有していくという試みです。今後、こうしたプロジェクトも進めていきたいと思っています。

●眠れなくても死ぬわけじゃない、と割りきる

最後のポイントは、無理に寝ようと頑張りすぎないことです。睡眠時間が少なくなるから、早く寝なければいけない！　と考えれば考えるほど、どんどん目が冴えてしまうものです。そこで、逆に寝られないのはいい機会だと思って、今まで考えてもみなかったことを想像したりして、頭を開放してみましょう。

「短時間熟眠法」で知られ、自らも3時間睡眠を実行されている藤本憲幸氏は、「眠れなければ、これはチャンスだ、と思うのである。この時間を活用して、昼間できなかった考えごとをじっくりとまとめてみる。あるいは、忙しさにまぎれて、ふだんはできない楽しい想念にふける」そうです（『頭のいい人の短く深く眠

る法』三笠書房）。

泣いても笑っても同じだけ時間は過ぎる。それなら、前向きに過ごしたほうが絶対にお得です。一日睡眠時間が短くても死ぬわけではありませんから、眠れない夜は無理せず気軽に楽しんでみるのも、また一興です。

番外編・朝、皆で集まってみる

早起きには何度も挑戦したけれど、どうしても起きられない！　そんな人は、**朝の仲間を作ってしまいましょう**。声をかけ合って「朝食会」を開催したり、いろいろな団体が開催する朝の会に参加するのも効果的です。

私はホテルのレストランに、朝7時に待ち合わせて打ち合わせをすることがあります。朝からホテルのビュッフェを利用してミーティングをするなんて、なんだかエグゼクティブっぽくてカッコいいですよね。そういった日はなぜかパワー全開で、普段では思い浮かばないアイデアがどんどん湧いてきます。

ある日の朝の打ち合わせは大雨でした。一人でなら気が萎《な》えてしまったかもしれませんが、約束をしていたおかげで、頑張って行かなきゃ、という強制力が働きました。相手も同じ気持ちだったようで、「**早起きしたかったら、早起きの仲間と付き合えばいいんだね！**」と話していました。

また、外部主催の朝の会に参加するのもお勧めです。私がこれまでに参加した会には次のようなものがあります。皆さんの地域にもあるかどうか、探してみてはいかがでしょうか（巻末にそれぞれの会のURLを記します）。

・Tokyo「Early Bird」

グローバルタスクフォースが主催。ビジネスリーダー候補向けに月1回、第一金曜日に東京都内で朝7時30分から勉強会を開催。ショートスピーカーの話を聞き、その後に朝食を摂りながら交流を深める会です。

・築地朝食会

主にビジネス書作家をゲストに迎え、朝7時から築地でお寿司を食べながら話を聞く会です。少人数制で、著者を囲んでさまざまなお話を聞くことができます。

・文房具朝食会

月に一度以上、休日の朝を使い、お気に入り文房具を持ち寄ったり、文房具の使い方を意見交換したりする会です。場所は、都内や千葉県などテーマによって異なります。ビジネスの場で必ずお世話になっている文房具について、それぞれの参加者のこだわりを探ったり、普段の仕事のやり方にも役立つアイデアを交換することができます。

ちなみに私も、次の2つの朝会を主催しています。

・Before 9プロジェクト

「朝9時までの時間で、ビジネスの基礎体力をつける」をテーマに、平日の朝7時〜8時半、東京駅近くの会議室にて勉強会を開催しています。パワーポイントを使った図解作成講座、ビジネスで活躍している人たちやビジネス書作家を講師として招いた勉強会などを開催しています。

・早朝グルメの会

「早起き×美味しい料理×素敵なサービスで朝からやる気スイッチを仕込む！」をテーマに、毎月一度、朝7時〜8時半、10人程度で集まって、都内の高級ホテルのレストランで朝食を食べながら、本を持ち寄って勉強会をしています。夜だと数万円する高級ホテルのサービスを、朝なら数千円で体験できます。

参加した人が異口同音におっしゃるのが、「朝集まると一日が長い！」「一日を有意義に使える！」という感想です。

朝7時から集まり、談笑とともにディスカッションもします。頭がクリアなせいか、議論もどんどん弾むうえ、終わるのは朝の8時半。朝イチのクライアントのアポだって十分に間に合う時間です。

一人で頑張っていると、何かの拍子にくじけてしまうこともあるでしょう。でも、仲間を作っておけば助けてもらえます。こうした方法も利用してみましょう。

Chapter 2

そもそも私が早起きを始めた理由

ところで、なぜ私は「朝4時起き」を自分に課したのでしょうか。その経緯は、「IQ」に関するトラウマを抜きには語れません。

それは中学2年のある日、担任教師がクラスの皆に向けて言った言葉でした。

「お前たち、千恵はIQが低いんだぞ。こんなにIQが低い千恵がいい点数を取ってるのに、それに比べてお前らはなんだ！」

この言葉がきっかけとなり、以来、私はずっとくすぶり続けていたのです。

じつは、「IQ＝頭のよさ」ではないそうです。そもそも周囲の環境などによってIQは変動するものなので、IQの高い低いで学校の成績を判断するのはおかしな話です。でも、担任教師から「IQが低い」と言われた14歳の私は、そんなこととは知らずに深く傷つきました。そのため、

「私はIQが低いから、人一倍努力しよう！」

と思って、前向きな気分になれる日もあれば、

「私が何をやってもうまくいかないのは、IQが低いせいなんだ」

「こんなに頑張っても、どうせIQが低いんだから、もうやっても無駄」

と何でもIQにこじつけ、できない自分を甘やかす日もありました。

そうやって腐っていく自分が嫌で、さらに落ち込むことの繰り返し。そんな日常から脱却したかったのでしょう。自分は「やればできる人間なんだ!」と思いたいという一心で、一流といわれる大学を目指したのかもしれません。

しかし、見事に挫折。私の「朝4時起き物語」は、そこから始まったのです。

1 早起きのきっかけ——挫折からの脱却！

二度の大学受験失敗！

私は大学受験に二度失敗しました。

現役で不合格の後、自ら退路を断つために福島の田舎から上京し、予備校の寮に入りました。その寮は、食事付きで、掃除もしなくていいという、勉強だけに集中できる環境でした。でも、そこで1年間浪人生活を送ったにもかかわらず、また第一志望の大学に落ちてしまったのです。

失意のうちに入ったのが〝滑り止め〟で合格した某女子大です。私の父は普通の地方公務員、母はパート勤めの主婦だったので、もう1年浪人させてもらうなんてわがままは通りません。落ちてしまったのは仕方がない。精一杯、女子大生生活を楽しもう。そう思っていました。

でも、自分の気持ちに嘘はつけません。どうしても、その女子大の雰囲気に慣れなかったのです。

私が通ったのは、地元では名門の超お嬢様女子大でした。そこで出会ったのは、本物のお嬢様とはかけ離れた、「着ぐるみお嬢」たちでした。

「ノブレス・オブリージュ」という言葉があります。「高貴な義務」という意味のフランス語です。高貴な家柄に育った人たちは、裕福である分、一般市民よりも多くの社会的な義務を負うという考え方です。その理念のもと、真に高貴な人たちはボランティアなどの社会活動を自然に、積極的に行っていますし、自分と違う立場にある相手に対する、豊かな思いやりの気持ちも持ち合わせています。

もちろん、私が通った女子大にも「ノブレス・オブリージュ」を実践している学生もいたとは思いますが、私の周囲にいた「着ぐるみお嬢」たちは、「ノブレス・オブリージュ」からは遠くかけ離れた人たちだったのです。

自分と生活レベルが違う人・価値観が違う人は異質なものとして排除します。両親や彼氏がすべて自分の思いどおりに動いてくれるため、リスク意識や自立志向がなく、会話も表面的なものにならざるを得ません。会話の内容は父親や彼氏や自分の持ち物の自慢話か、合コンの相手がどのランクの大学か、といったことばかり。友達同士でも、表面的には仲がいいように見せながら、じつは仲が悪くて、陰では悪口ざんまい。

そんな環境に、どうしても馴染めませんでした。

彼女たちは、今ある裕福な環境が永遠に続くと信じ、その環境を、あたかも自分の実力で作り上げたものだと勘違いしている人たちでした。他人に自分の人生を丸ごと預けてしまっていることに、自分ではまったく気がついていないようでした。

世の中いつ、何が起こるかわかりません。今は父親の事業がうまくいっているかもしれませんし、彼氏がお金持ちで何でも買ってくれるかもしれません。でも、環境が変わって頼れる人がいなくなったとき、丸裸になった彼女たちはどうやって生きていくのでしょうか。

他人に人生を振り回されるリスクといつも隣り合わせでいながら、それに気づかない人たちの集まりに、違和感がぬぐえませんでした。

「着ぐるみお嬢」はこりごり！　と思った決定的な出来事があります。

一番仲が良くて、何でも相談していた友人が、私の服装や訛りについて陰口をたたいていることが、他の友人から聞こえてきたのです。自分の性格などで陰口を言われるのならまだしも、両親や出身地まで侮辱するような言葉です。田舎のさえない女の子だった私と話し、見た目で家柄を判断し、心の中では小バカにしていたのでしょう。

そのことがあって以来、私は**「親の地位や財力だけで、自分を必要以上に大きく見せている連中には負けたくない！　住んでいる場所や持っているもの、両親の威光などに頼らずとも、自分で自分の人生を切り開いていきたい！」**と強く思うようになりました。

そのためには、一刻も早くこの女子大から離れなくてはならない、と考えた私は、大学を休学して別の大学に入り直そうと決心したのです。両親には手紙を書いて、自分の思いを伝えました。経済的に厳しい状況の中、両親は生活を切り詰めて応援すると言ってくれました。今でもこのときのことを思うと、目頭が熱くなります。

ただ、決心したときにはもう9月。他の大学に入り直すためには半年弱しか勉強時間がありません。半年間でいかに効率的に勉強し、自立した仲間と切磋琢磨できるような環境の大学に入るためには、いったいどうしたらいいのだろう？

私は現役〜浪人時代、自分で言うのも何ですが、とても真面目なガリ勉でした。「IQが低いなら低いなりに、他の人が勉強していないときにやれば差をつけられる」と思い、必死で夜中まで勉強しました。いえ、長時間勉強した「ふり」をしていた、といったほうが正しいかもしれません。

でも、勉強というのは、時間をかけた分だけできるようになるわけではありません。とりあえず長時間机には向かうものの、睡眠不足だからつい机に突っ伏して寝てしまう。机で寝ても熟睡できないから授業中も眠くて、集中力は途切れ途切れ。ついお菓子を買いに行ったりして気分転換しようとする。その繰り返しで、長時間勉強しても、成績はまったく上がらなかったのです。

そんな現役〜浪人時代と同じ勉強法では、半年で到底受かるわけがない。どうしたらいいだろうか……。ならば、夜中までダラダラ勉強するのはやめ、早く寝て、早く起きて**朝に勉強しよう**と思いついたのです。

これこそが、早起きを始めたきっかけでした。

生活パターンを朝型に変える

そこで、次のような生活パターンを実践するようにしました。

・22時就寝。
・5時30分起床。
・6時に家を出て、横浜の一人暮らしの自宅から代々木にある予備校の自習室へ直行。
・席を確保して、ひたすら17時ごろまで勉強。
・その間、週に2コマ程度、厳選した講師の授業を受講。
・17時を過ぎたら一切勉強はしない。

・夜は好きな料理を作ったりテレビを見たりして、リラックスした時間を過ごす。

一人暮らしで家事もしなければならないし、電車での移動もあるので、実質的な勉強時間は高校時代や浪人時代に比べてかなり少ないものでした。しかも、本番まで5カ月しかありません。気持ちは焦ってもおかしくない状況でしたが、勉強している充実感は今までにないものでした。それは、次のような理由からだったと思います。

・早朝の電車は空いていて、必ず座れる。
・車窓から差し込む朝日を見ると、エネルギーがムクムクと湧いてくる。
・朝は予備校の自習室もガラガラなので、座りたい席は確実にゲットできる。
・予備校のライバルたちに、「この子は何か違うぞ」と威圧感を与えられる（という妄想ですが）。
・規則正しい生活をするので、朝昼晩、ちゃんとお腹が空く。もりもり食べるから元気いっぱい。便秘も治る。

・今日も朝起きられた！　私って偉い！　と、自分を肯定できる。

こうした満足感は、現役時代も浪人時代も、味わったことがありませんでした。

夜、食事をした後は自由な時間です。延々と勉強するのを思いきってやめてみたら、メリハリのある生活になりました。そのせいか、一人暮らしで孤独な浪人生活なのに、悲壮感もまったくありませんでした。

この朝型の生活パターンを続けた結果、めでたく慶應義塾大学総合政策学部に合格することができ、「早起きって素晴らしい！」と実感したのです。

朝の時間を活用したことで一番よかったのは、「締め切り意識」と「前向きパワー」が生まれたことでした。

朝〜日中に集中して勉強する分、夜は一切勉強なんてしない！　と決めていたので、限られた時間で必死になって勉強することができました。デッドラインがあるからこそ、段取りをきちんと考えることができたのです。

また、毎日「自分はちゃんと起きている」という自信と、計画どおりにきっちりと勉強を終わらせることができた達成感が、「私って、やるじゃない！」という前向きな気持ちを生み、それが勉強の継続と成果を上げるパワーにつながったのではないでしょうか。

早起きを始める以前の私は、夜勉強すると永遠に時間が続くような気がして、安心感を抱いていました。でも、それは安心とともに、気の緩みも招いていたのです。

サビがない曲をずっと聞かされていると眠くなってしまいます。サビというメリハリがあってこそ、曲が引き締まります。夜のダラダラ勉強は、サビがない曲のリピートのようなものでした。

それに、夜ずっと起きているとお腹が減ります。エネルギーをほとんど消費しないところで夜食を食べると、当然太ってしまいますし、肌にも悪い影響を与えます。早起きによって、この悪習も断ち切ることができました。

早起きをすっかり忘れた大学生時代

こうしてせっかく早起きに目覚めた私ですが、じつは、再び大学生になってからはまったくそんなことは忘れ、他の学生たちと同様、授業が午後からのときはお昼過ぎまで惰眠をむさぼる生活を続けていました。

というのも、私が4年間学んだ慶應義塾大学湘南藤沢キャンパスは、「24時間キャンパス」がキャッチフレーズだったからです。図書館もパソコン室も24時間開放しており、中には寝袋を持ち込み、学校に「住んでいる」ツワモノもいたほどです。

グループワークといって、5人程度のグループで議論し、課題を完成させてプレゼンをする授業もたくさんありました。夜遅くまで学校で、ときには一人暮らしの友人の家で朝方まで議論をするような環境だったので、早起きして何かをする、という考えが吹っ飛んでしまったのです。その流れで、夜型生活に逆戻りしたのでした。

24時間いつでも勉強できる環境は、人によっては快適なものですが、私にとっては気の休まることがなく、逆効果だったようです。

今考えると、大学時代にも朝型生活を続けていたら、大学生活はもう少し違ったものになっていたかもしれないな、と思います。というのも、私は大学時代、ひどい落ちこぼれで、精神的にも追い詰められていたからです。

当時の成績表を見ると、ＡＢＣＤ評価でＡ（優秀）は数えるほど。Ｂ（普通）よりＣ（ギリギリ単位取得）が多いくらいで、「これでよく卒業できたな」と思います。

といっても、サボったり、遊びすぎたわけではありません。真面目にやって、この結果なのです。自分なりには頑張っていたつもりなのですが、一所懸命勉強しても単位を落としてしまったり、グループワークの準備で週末を全部つぶし、図書館で借りた本を何十冊読んでも、トンチンカンで論点がずれた発言をしてばかりいました。

私はそれまで、必死で暗記する勉強を繰り返していたので、いきなり自分の頭で考えろ！と放り出され、どうしたらいいかわからなくなってしまったのです。

学校の勉強ができることと自分の頭で考えることは別だ、ということを大学時代に身にしみて感じました。

例えば、グループワークの一環で、「ネット環境が広がることによる情報弱者をどうやって助けていくべきか?」というテーマで議論したことがありました。「情報弱者（パソコンを使いこなせないために必要な情報が入ってこない人）」のことを調べるべきところを、私は「社会的弱者（社会における少数派のために発言権が小さい人たち）」だと思い込んで、身体障がい者について調べてきてしまい、メンバーに「はぁ? 使えない!」とあきれられたこともありました。

友人が何気なく、「俺はバカが嫌いだから、周りにいる人は俺より頭がよくて、尊敬できる人がいい」と言ったのを聞いて、「千恵はバカだから付き合いたくない」と言われたような気がして傷ついたりもしました。

そんなときは、「ＩＱの呪縛《じゅばく》」がまたもや私を襲うのです。

「私がこれだけやってもうまくいかないのは、やっぱりＩＱが低いからなんだ

「……」

「自分の足で、自分の力で立ってやる！　なんて思っていたけれど、自分の頭で考えられないのは、着ぐるみお嬢じゃなくて私なんだ……」

帰国子女で自由に海外を飛び回り、世界中でボランティア活動に精を出す友人。「入りたいサークルがないから自分で作る！」と、太鼓のサークルを立ち上げてしまった先輩。学生でありながら起業した先輩。「私、全然勉強してなくて、どうしよう。単位落としちゃうかも」と言いながら、軽々とAを取ってしまったり、何も準備しないですらすらと自分の意見を言えたりする人がどれだけうらやましかったことか……。

周りの皆が輝いて見えました。

それに比べて、なんて自分はダメなんだろう……。

親戚や周りの人からは「慶應の総合政策学部なんて、すごいね！」なんて言われていましたが、実際の私は理想の慶大生からは遠くかけ離れていました。

3年のときに入ったゼミでは、自分が発言したせいで議論がトンチンカンなところに行ってしまうのが怖くてたまりませんでした。だからゼミのグループワークでも一切発言できず、静かに皆の議論を聞いているだけ。

海外のビジネススクールに行くと、授業で発言しない人は存在意義がない、ということで最低評価になってしまうと聞きます。湘南藤沢キャンパスにも同じような空気が流れていました。ひと言も話さない私は、もちろん存在感はゼロ。グループのお荷物です。

結局、ゼミにいるのがつらくなり、途中で辞めてしまいました。湘南藤沢キャンパスは当時、ゼミの卒論を出さなくても卒業できるシステムだったので、そんな私でもなんとか卒業できました。「慶應義塾大学卒業」の学位をもらえさえすればなんとかなる。それまでは、息を潜《ひそ》めてなんとか頑張ろう、そう自分を励まして生活をしていました。

じつは私は、大学3〜4年にかけて、ストレスから拒食症と過食症を繰り返しました。今よりも10キロ以上痩せていて、マッチ棒のように細かったにもかかわらず、「私がダメ人間なのは、太っているせいかもしれない。痩せたら人生が変わるかも」と思い込み、一日600キロカロリーしか摂らない過激なダイエットを繰り返しました。その反動で、一日の必要エネルギーを大幅に超えるデニッシュ食パン一斤を15分で食べてトイレに走って吐いたり、飲み会の帰りにコンビニでチョコレートや菓子パンを大量に買い込んで、一気に食べてすぐに吐いたりもしていました。

「太っている醜い自分を外にさらしたくない」

とカーテンを閉め切り、暗い部屋から一歩も出なかったり、実家に帰るとたくさん料理が出てきて食べすぎてしまうからと、わざと1年に一度しか帰省しなかったり、飲み会をドタキャンしたりもしました。

当時は病気を認めたくなかったので病院には行かなかったのですが、今思うと明らかに病気でした。行きつけの美容院で「え？　こんなに髪の毛がごっそり抜けますけど、どうしたんですか？　大丈夫ですか？」と美容師さんに心配されるほど、体と心はボロボロだったのですから。

そんな私の唯一の心の支えが、料理をすることでした。過食と拒食を繰り返していた私の支えが料理。意外かもしれませんが、大学の友人に唯一「すごいね」と言ってもらえるものが料理だったのです。料理をすることは、私のプライドをかろうじて守るための手段であると同時に、何事も教科書どおりにしかできない私が、創意工夫をするための訓練でもありました。

例えば、ひとつのキャベツから6通りの調理方法を考える、といった創意工夫をすることによって、型にはまった自分から脱却しようという思いがありました。凡人には凡人なりの闘い方がある。勉強では負けるけど、料理では絶対負けない！　そう思い込むことで弱い自分を守ろうとしていました。

また、料理は私にとってひとつのコミュニケーション手段でもありました。Chapter1でも触れましたが、私は幼いころから父親の仕事の関係で転校を繰り返しており、そのせいで、内気で人見知りが激しい性格でした。そんな私がバナナケーキを作って学校に持って行ったのがきっかけで、クラスのみんなと打ち解けることができたことがあります。

「口下手で恥ずかしがり屋な私でも、料理に気持ちを載せることで人と仲良くなることができる」「私の思いを料理が伝えてくれる」ことに気づき、友人を家に招いて料理をふるまうことで、うまく話せない自分の心を癒していました。

勘違いOLだった新入社員時代

そういうわけで、料理は私の唯一の心の支えであり、自信の源でしたから、就職活動をするにあたっては、食関連の会社を中心に受けました。食品メーカーやコンビニの商品開発部門、料理雑誌を発行している出版社などに片っ端からエントリーシートを送りました。

当時は就職氷河期の真っただ中。それでも「慶大卒」のブランドは効くものだと思い込んでいたのですが、成績も悪く、目立った活動もしていなかった私は書類すら通りません。30社以上受けましたが、書類が通って面接まで進めたのは4社だけ。でも面接ではおどおどしてうまく話せないため、最終的に内定をもらったのは居食屋「和民」などを展開する「ワタミ（当時の社名はワタミフードサービス）」だけでした。ワタミだけが「私を救ってくれた」といっても過言ではありません。

今や、グループ社員数が５７００人を超える（２０１３年４月現在）一部上場の有名企業ですが、私が就職活動した１９９８年当時は新卒採用を開始して間もなく、二部上場する直前の、知る人ぞ知る会社でした。

最初は興味本位で行ってみた会社説明会でしたが、渡邉美樹社長（当時・現会長）の、「人は仲間や愛する家族と一緒にいて、美味しいものがあるとき、素晴らしい笑顔をする」という言葉に心を動かされました。

「学生時代に落ちこぼれだった私を支えてくれたのは食を通じた笑顔だった。こんな私でも、ワタミだったら素晴らしい笑顔をもっと生み出す仕事ができるかもしれない」と思ったのです。

また、ワタミに入れば、**起業家精神を創業社長の近くで学べる、そんな機会はめったにない**との思いもありました。現在の本社は羽田にありますが、当時は蒲田にあり、２フロアのみの小所帯。歩いて数歩先には渡邉社長が座っている、という環境でした。社員数は、店舗社員と本部社員を合わせても２７０人でした。この少数精鋭の中で、経営についてのイロハを学べると思ったのです。

最初の1年は「和民」の店舗に勤務。店長の下でマネジメントを学びながら、キッチンやホールの実務を経験しました。

2年目は、本社の総務部に半年勤務後、ワタミの新会社に1年出向し、ワタミの各店舗に配る小冊子の企画や、ワタミグループのホームページ作成などを経験しました。

その後、本社の商品部に半年勤務し、メニューの撮影やキャッチコピー作成などに携わりました。

最初の1年は店舗勤務だったので、

・14時起床。
・16時ごろ店舗に出社。
・朝6~7時ごろ帰宅。
・朝8時に就寝。

といった毎日で、早起きとは縁遠い生活でした。早起きの威力を思い出すのは、しばらく後のことになります。

店舗のキッチンは、「刺し場（刺身パート）」「サラダ場（サラダパート）」「焼き場（焼き鳥などの焼き物パート）」「揚げ場（揚げ物パート）」といったパート分けがきちんとされています。社員は全パートの料理を作れなければいけないので、数週間かけて手順を学んでいきます。そしてひととおりのことを学んだのち、責任ある立場としてひとつの場を任されます。

もともと料理好きの私でしたが、家庭料理と店舗の料理はすべてが大きく異なります。キッチンは、あわただしさの中にも創意工夫と効率のよさが求められる戦場であり、店舗に常備してあるマニュアルをしっかり頭にたたき込んだうえで、優先順位をしっかりつける必要があります。しかし、私にはマニュアルどおりのことをゆっくり一つひとつ進めていくことはできても、同時進行で手際よく物事を進めることはできませんでした。

ピークの20時ごろになると、注文がどんどんたまって、複数の種類の料理を同時並行して作らなければなりません。でも、そんなとき私は、いったいどこからどう手をつけていいかわからなくなってしまいました。

気づくと注文伝票がどんどんたまってしまい、お客様から注文した料理が来ないとクレームをいただくこともありました。見かねたアルバイトさんに手伝ってもらってなんとか乗りきる毎日でした。

そのくせホールでは、こちらの不注意についてお客様からご指摘をいただいた際に、「私は悪くありません！」と、飲食業としてはありえない言い訳をしたこともありました。

当時は数カ月に一度、社長とお酒を飲みながらの懇親会がありました。社長が「何でもいいから悩みを言いなさい！」と言ってくださるので、勘違いした私は、仕事上の悩みではなく、「好きな人にフラれた」と恋愛相談をして社長の前で泣きじゃくったこともありました。社長の困った顔が今でも目に浮かび、赤面してしまいます。

でも、自分ができない人間だとは気づいていませんでした。いえ、じつは心の底では気づいていたのかもしれません。「ダメな自分は大学時代でこりごり。ダメな自分を認めたら、また大学時代のように心を病んでしまう」と思い、攻撃的になることで自分を守っていたのだと思います。

仕事のできない自分を棚に上げ、「住宅手当が低すぎる」とか「私は店舗勤務じゃなくて、商品開発の仕事がしたい」など、権利と要求ばかりを主張していました。

今思うと、当時の私は「私がワタミを選んであげた」と思い上がった、傲慢な社員でした。30社以上も落ちた私を拾ってくれたのがワタミだったのに……。

与えられた環境がどんなものであっても、まずそこで徹底的に仕事をして認められなければ、発言権は生まれない。そんな、社会人としての基本すら知らなかったのです。

本来ならば、本部に異動するにあたっては、店舗での仕事ぶりが認められた後、店長としてマネジメントを経験しておくのが筋だと思いますが、私は店長になれないまま1年で本部に異動となりました。

本部では総務部で備品の管理をしていました。備品を切らさないようにして、業務が滞りなく進む環境を整えるのは総務として当然の仕事なのに、総務の中でも備品管理は雑務だからする必要がない、大きな目立つ仕事、やりたい仕事だけやればいいという思いでいました。

ですから、渡邉社長が手紙を書く際に必ず使う記念切手を買い忘れて、秘書があわてて買いに走ったり、トナーやコピー用紙をしょっちゅう切らしてしまったり、一方で過剰発注をしてしまったりして迷惑をかけていました。私が新会社に出向し、事務用品の無駄な発注が減ったことも一因でしょうか、後任の総務担当者は劇的なコスト削減で会社から表彰状をもらっていました。

さらには、お客様の電話を受けるのが仕事だったのにもかかわらず、3コール以上も電話を鳴らしてしまい、見かねた社長自身が直接お客様からの電話を取ったこともありました。

勘違いしたまま関連会社へ出向

勘違いしたままの社会人生活もなんとか1年半に突入するころ、ワタミが設立する新会社に出向することになりました。

ワタミが今後力を入れていく分野の第1号社員ということで、当時は「抜擢されたんだ！」と誇らしく思っていました。

でも、実態は「今のままではあまりに仕事ができなくて使いようがない。このままでは会社にとっても、彼女にとっても不幸だ。仕事のやり方の基本や心構えを根本から訓練し直すために、厳しい社長の下で徹底して修行させるしかない」ということだったのだと思います。ワタミの創業期から、ワタミの理念を内外に伝えるブランディングプロデューサーであり、関連新会社の社長であるA社長のところに送り込まれました。

A社長には、当たり前すぎて誰も教えてくれないような社会人としての基本的な心構えから、具体的な仕事の進め方まで徹底的に教育を受けました。A社長の言葉はとてもストレートなので、当時の私は「スパルタ」の印象を受けましたが、ここで受けた訓練は、ワタミを卒業してからも私の血肉となり、今の仕事に役立っています。また、ここでの経験は、しばらく忘れていた朝型生活のよさを思い出すきっかけにもなりました。

この会社では毎朝、前日の出来事の「気づき」を仕事にどう活かすかについて、各自が1分ほど発表し合う「朝ミーティング」という集まりがありました。

「気づき」があるかないかの差は、ただ漫然と仕事をしているか、問題意識を持って仕事をしているかの差です。「普段の何気ない出来事、その出来事から何かしら深く学べた人が、仕事ができる人だ」というのがA社長の持論でした。

気づきには、「イケてる」気づきと、「イケてない」気づきがありました。

イケているのは、何気ない出来事から万事に共通する真理や、解決すべき課題を見出す「深い気づき」です。

イケてないのは、誰でも考えつくことを、ただ目についたから言いました、という程度のものです。例えば、「トイレが汚れていたので、もうちょっときれいに掃除しようと思った」みたいなものは、「イケてない気づき」です。

みんなが、「おお！　なるほど！」と唸るような、深い気づきが日々の仕事の中で生まれないということは、そのまま、仕事への問題意識が足りないということになります。なんとかまともな話をしなければいけない、というプレッシャーを毎朝感じることになりました。

でも、いきなりまともな「気づき」を発表できるぐらいだったら、そもそもA社長のもとに送り込まれていません。どうしたものだろうかと悩みました。

そこでふと、渡邉社長の朝の使い方を思い出したのです。

渡邉社長は4時間睡眠で朝4時半起き。6時半前にはすでに出社し、新聞に目を通していました。毎週火曜日の「業務改革会議」をはじめ、当時は新卒者向け、店長向け、部課長向けの研修をそれぞれ月一度、朝の7時から開催するのです。

社長の口癖は、「当たり前のことを、当たり前のようにやっていては、当たり前の結果しか出ない」でした。その信念を、まさに背中で示していたのです。

早起きの威力なんてすっかり忘れていた当時の私には、朝4時半起きは無理でした。とはいえ、少しだけ早く出社して、仕事がスタートする前に考える時間を作ることができたら、もしかしたら「イケてる気づき」発表ができるようになるかもしれない。そう思いついたのです。そこで毎朝、会社近くのファストフード店に始業の30分前に入り、考える時間を設けることにしました。

・それまで朝7時起きだったのを、6時半起きに変更。
・8時にファストフード店到着。
・8時半まで、昨日の自分の仕事を振り返り、どうして怒られたのか、どうすればよかったのかを書き出しながら、「気づき」のネタを考える。

そんな訓練を1年続けました。

すぐに効果は表れませんでしたが、人よりも早く会社の近くまで来て準備している、という心の余裕ができたことがよかったのでしょう。頭がスッキリして仕事もはかどるようになっていきました。

この経験から、**早く出社して戦闘態勢を整えることが、仕事の成果に必ずつながる**ことを学びました。

そして、ようやく仕事に慣れてきたころ、本社の商品部に戻ってくるように、という指示がありました。私は入社当初から商品部に入って商品開発をするのが憧れだったので、夢のような話です。

意気揚々と本部に戻ってみると、自分が変化していることに気づきました。なんと、周囲の人の話がわかるのです。社会人としてはありえない話で、笑われてしまうかもしれませんが、出向前の私は「自分ルール人間」つまり、やりたい仕事ができないという不満を抱え、会社の方針は無視してやりたいことばかりを主張していたので、「会社ルール」つまり、会社の中での自分の役割がちんぷんかんぷんでした。

出向先での徹底的な訓練によって、自分の仕事が会社全体の中でどんな位置にあって、その中で自分はどんな行動をしなければならないか、ということがやっと理解できるようになったのです。それだけでも大きな進歩といえるでしょう。

ところが、仕事の全体像が把握できるようになると、自分の担当する仕事がなんだか物足りなくなってきました。もちろん、それまでの自分がどれほど「ダメ社員」だったかもよくわかっていたので、そんなことを言えた義理ではないのですが、やり甲斐のある仕事はこのままずっと任せてもらえないのではないか？

ということに不満と不安を感じてしまったのです。

情熱は十分にあり、力もやっとついてきたのに、やりたいことが何もできない空回り状態からなんとか脱したいという思いがありました。

ただの落ちこぼれOLをここまで引き上げてくれたのは、ワタミとA社長でした。

今考えると、そこでしばらく頑張ってコツコツと実績を積み、失った信用を取り戻すべきだったのかもしれません。しかし、当時の私にはそこまでの思慮はなく、3年3カ月お世話になったワタミを卒業することにしました。

これまで私を支えてくれたのは「料理」だ、と思い込んでいましたが、ワタミを卒業するのを機に、ここでいったん「料理そのもの」を職業にすることに固執するのはやめよう、と思いました。なぜなら、私は「料理」そのものより、「料理」という媒体を通じた人との関わりが好きだと気づいたからです。

「別に料理の世界で働かなくても、趣味として好きな料理を続けていって、それが誰かの役に立てばいいや」

「私には料理しか取り柄がないのだから、何がなんでも料理の世界でやっていくんだ！ と思わなくてもいいや」

と、その後は力を抜いて料理と向き合うことにしたのです。

外資系コンサル会社で再び早起きに目覚める

転職するにあたっては、外食業界の経験しかない、しかも責任のある仕事の実績もないという条件のもとで、さまざまな業種を受けました。

当然のことながら多くの会社では書類すら通らず、かなり落ち込みました。でも、書類で落ちまくることは大学時代に慣れていますし、早起きで培った、落ち込みを前向きに変えるバイタリティがありました。何十社へも応募するうちに、経歴が面白いということと、ガッツがありそうだということで、最終的に外資系戦略コンサルティング会社で職を得ることができたのです。

外資系コンサル会社というと、年収数千万円で華やかな生活！　などと思われがちですが、私の場合は契約社員からのスタートでした。最初の数カ月は時給制による見習という立場です。

時給は１０００円台で、月７万円のアパートに住んでカツカツの生活でした。手取りは少なかったものの、その代わりはじめのころは残業が少なく、時間だけはたっぷりありました。

そこで、今のうちに、ワインの勉強をしておこうと思い立ちました。じつは私はワタミ時代に、「仕事に直結する資格を取りたい」との思いから、仕事の合間を縫って「唎酒師」の資格を取得していました。以来、食に加えてお酒の世界にも興味を持つようになっていたのです。

目指したのは、日本ソムリエ協会認定「ワインエキスパート」の資格でした（ソムリエは実務経験が必要なのに対し、ワインエキスパートは実務経験不要の資格。試験問題の内容はほとんど変わらない）。

ワインエキスパートの合格率は40～45％です。しかしワインスクールに通えば、70～90％の確率で受かるといわれています（ちなみに、独学の場合の合格率は20％以下とか）。つまり、スクールに通えば比較的簡単に取れそうなのですが、カツカツ生活を送っている私には通うお金がありません。独学で勉強せざるを得ない状況でした。

最初は夜に勉強しようと思っていたのですが、私は基本的にお酒好きなので、ついお酒の誘惑に負けてしまいます。

「ワインを飲むことだって勉強だもんね」

そんな口実で、飲んでは机に突っ伏して寝てしまい、勉強はできずじまい……といった日々をしばらく送っていましたが、ふと、自分には**早起きによる成功体験があった**ことを思い出したのです。

「あ、そういえば私って、以前は朝型だったじゃない！　朝やればうまくいくかも！」

ということで、もう一度早起き生活をしてみることにしました。毎朝、5時半に起きて家を出て、会社近くのファミレスに直行して6時半～8時半の2時間を勉強時間に充てていました。

ワインの試験は受験勉強に似ています。テイスティングも大事ですが、一次試験はマークシート式で、ワインの原料となる代表的なぶどうの品種やその味わいの違い、各国別ワインの特徴やワインと料理の相性など、さまざまな細かい知識を暗記していく必要があります。勉強のためのスケジューリングやノート作成、暗記などには、誰にも邪魔されない朝の時間はとても適していました。

当時のタイムスケジュールは以下のとおりです。

・朝5時30分起床。
・朝食は家で摂り、電車で出社。
・6時30分に会社近くのファミレス到着。
・参考書の読み込み、ノート作成、単語帳作り、問題集に挑戦。
・昼休みはランチを食べながら単語の暗記。
・夜は家でワインテイスティング。ときどき気分転換と勉強を兼ねてレストランでワインを楽しむ。
・受験体験記代わりに、勉強したことをブログにアップ。

このようなメリハリある生活ができたおかげで、受験勉強時代の爽快感がよみがえるとともに、無事、ワインエキスパートの資格を取ることができました。

それに味を占め、チーズプロフェッショナル（チーズプロフェッショナル協会認定）、ビアテイスター（ビアテイスター協会認定）、酒匠（唎酒師の上位資格）と、お酒とその周辺の資格を朝勉強で取得しました。

どの資格も、基本的にはまずスケジュールを立て、それにしたがって暗記したり書籍を通じて知識を深めたりする勉強法です。ワインエキスパートでの成功体験があるので、応用することは簡単でした。

また、朝勉強することによって夜の時間が自由に使えるようになったおかげで、平日の夜や休日は、天然酵母パン教室講師の養成学校に通ったり、マクロビオティックの料理教室に通ったりもできるようになり、天然酵母パン教室とマクロビオティックの師範（教室を開ける免許）をもらうことができました。

さらに、資格試験の勉強で得た知識を応用して、教室開催の方法や授業のカリキュラムを自分で考えるノウハウなども蓄積しました。このころには、大学時代にコンプレックスに感じていた「暗記勉強」しかできない自分から脱却し始めていました。

自信をつけた私は会社の許可を得て、週末限定で本業に支障がない範囲で、地元の調理教室を借りてのパン教室や、チーズ教室を開くようにもなりました。

とはいっても、本業はもちろん外資系コンサル会社の社員です。趣味にばかり熱中して本業をおろそかにしている、とは絶対言われたくなかったので、もちろん仕事も必死で頑張りました。そのときに役立ったのが、ワタミ時代に覚えた**「始業前の30分間」**の使い方だったのです。

会社の始業は朝9時でした。会社の近くのファミレスで8時30分まではしっかりと趣味の「食」関連の勉強をして、出社します。

出社してからすぐにメールをチェックし、始業時までにその日の仕事の段取りをシミュレーションします。具体的には、自分の今日の予定をスケジュール帳で確認しながら、一日の流れを頭に思い浮かべます。会議などがあって席を外さなければいけないときは、その前後の段取りをどうするかも箇条書きにしてリストアップし、朝から不測の事態が起こってもあわてない態勢を整えます。

このように、9時から全力スタートで仕事ができる環境を整えていくと、思うように仕事がはかどるようになっていきました。そのことで劇的に作業効率が上がり、仕事上でも評価されるようになりました。

たった30分早く出社して臨戦態勢を整えたことで、契約社員から正社員へ、そして平社員からシニアスタッフ（マネジメント職の前段階）へと、順調にキャリアを構築することができました。キャリアアップの過程で残業は一時増えましたが、朝を活用して効率的に仕事ができるようになった結果、徐々に残業も減り、毎日17時過ぎ～19時ごろには会社を出ることができるようになりました。

このように私は、ワタミに3年余、外資系コンサル会社に6年と、まったく違う業種の会社に勤務しました。ただ、意図したものではなかったのですが、この2つの会社には「朝を有効活用するためのヒントにあふれている」という共通点がありました。

大学受験や学生時代も含め、2つの会社でも朝型、夜型の生活を経験したことで、「自分は朝型で一番効率がよくなる」ということを実感できました。おかげで、現在の22～23時就寝、4時起床というスタイルを確立するに至ったのです。

2 メリットがあるから朝4時起きを続けられる！

一日24時間を100時間にする超集中法が「朝4時起き」

私は朝の静謐《せいひつ》な雰囲気が大好きです。橙《だいだい》色の朝日が、高く昇るにつれてしだいに明るい黄色に変わり、空も青く澄んでいきます。その風景をながめていると、なんともいえず厳粛な気分になります。

以前、私は2009年ホノルルマラソン完走を目指して朝ランニングをしていたとChapter1で書きましたが、そこで浴びる太陽のエネルギーが、私の元気チャージ法になっています。空気がきれいなときは富士山が見える近所の川辺を、朝日を浴びながら走ります。太陽のエネルギーを充電しているような気持ちをイメージします。太陽の光が足元から頭までギュイーンと体に入ってきて、元気がみなぎる様子を想像すると、朝からパワー全開で突き進むことができるのです。

朝は、とても静かです。通りを走る車も少なくて空気がきれい。人もほとんど歩いていないし、聞こえてくるのは鳥のさえずりのみ。邪魔するものは何もない中で考えを巡らせていると、驚くほど建設的な考えが浮かぶようになるものです。

眠い目をこすりながら早起きした、小学生時代の夏休みのラジオ体操を思い出してみてください。

「なんで休みなのに、こんなに朝早くから起きなきゃいけないの？」

文句を言いながら集まった経験は、誰にでもあると思います。

でも、ラジオ体操が終わった後、ハンコを押してもらって家に帰ると、なんだか一日が長ーく感じて得した気分になりませんでしたか？

大人になってからも同じです。仕事は午前中のほうがはかどるような気がしませんか？　朝9時から12時までの3時間は長く感じるのに、どうして15時から18時の終業までの3時間はアッという間なんだろう……。そんな経験、一度や二度じゃないと思います。

朝の時間を活用するメリットは3つあります。

1．クリアな頭で、急ぎではないけれど重要なことをじっくり考えられる。
2．段取りをじっくり考えることができるので、仕事が早く終わり、プライベートの時間が多く取れる。
3．睡眠時間を確保するために早く寝ようと、逆算してものを考えることができ、効率がアップする。

これらのメリットを思いきり享受できるかどうかが、この不安定な時代を生き抜くカギとなってくると思います。一日が100時間にも感じてしまうこの喜び。早起きすれば毎日味わうことができます。

ちなみに、早起きの効用は、医科学的にも証明されているようです。

東北大学の川島隆太医学博士によると、**人間の脳は午前中に一番よく働く**とのことで、「〝朝の2時間は夜の5時間分に匹敵〟するぐらい仕事の処理能力が高い時間帯」（Yahoo!特集記事より）だそうです。

また、脳科学者の茂木健一郎氏は『脳を活かす勉強法　奇跡の「強化学習」』（PHP研究所）の中で、**「脳を最大限に活用するには、夜よりも朝が効果的」**と書いています。眠っている間に、前日までの未整理の記憶が整理され、朝は脳がクリアな状態。だから朝は、クリエイティブな仕事をするのに適している「脳のゴールデンタイム」なのです。

さらに早起き心身医学研究所所長で、うつ病などの心の病気に詳しい税所《さいしょ》弘氏も、「早起きがストレスや病気を軽減させる」と提唱しています。

時間密度を意識する

人は適度なプレッシャーのもとで、高いパフォーマンスを発揮するといわれています。

「3日後までにまとめておいてね。急がないから」と言われた資料はなかなかまとまらなくても、「大至急！　あと30分でまとめないとお客様からクレームが！」と言われると、さまざまなアイデアを一所懸命考えて、30分でできてしまったりするものです。

そんなプレッシャーが本当に毎日あったら大変です。でも、プレッシャーをイメージして、段取りよく進める練習の機会としてとらえることが、朝ならできます。

始業時間前の数時間を、自分で自分に適度のプレッシャーをかけるリハーサルの時間だと思って意識してみましょう。

「8時半までにあれとこれを終わらせる！」といったように、最初に段取りを決めてしまい、8時半までの時間を、徹底して決めたことを終わらせるために使うのです。これができると、集中してノッている自分が快感になり、時間どおり終わらせた自分を褒めてあげたくなります。

その勢いが前向きパワーとなり、9時の始業からいきなりエンジンがかかった状態になるのです。勢いを維持して朝からフル回転できるので、朝イチからの仕事にもスムーズに取りかかれるようになります。

そのときの状況に応じて、
起床から就寝まで細かく時間を
区切ってスケジュールを組む。

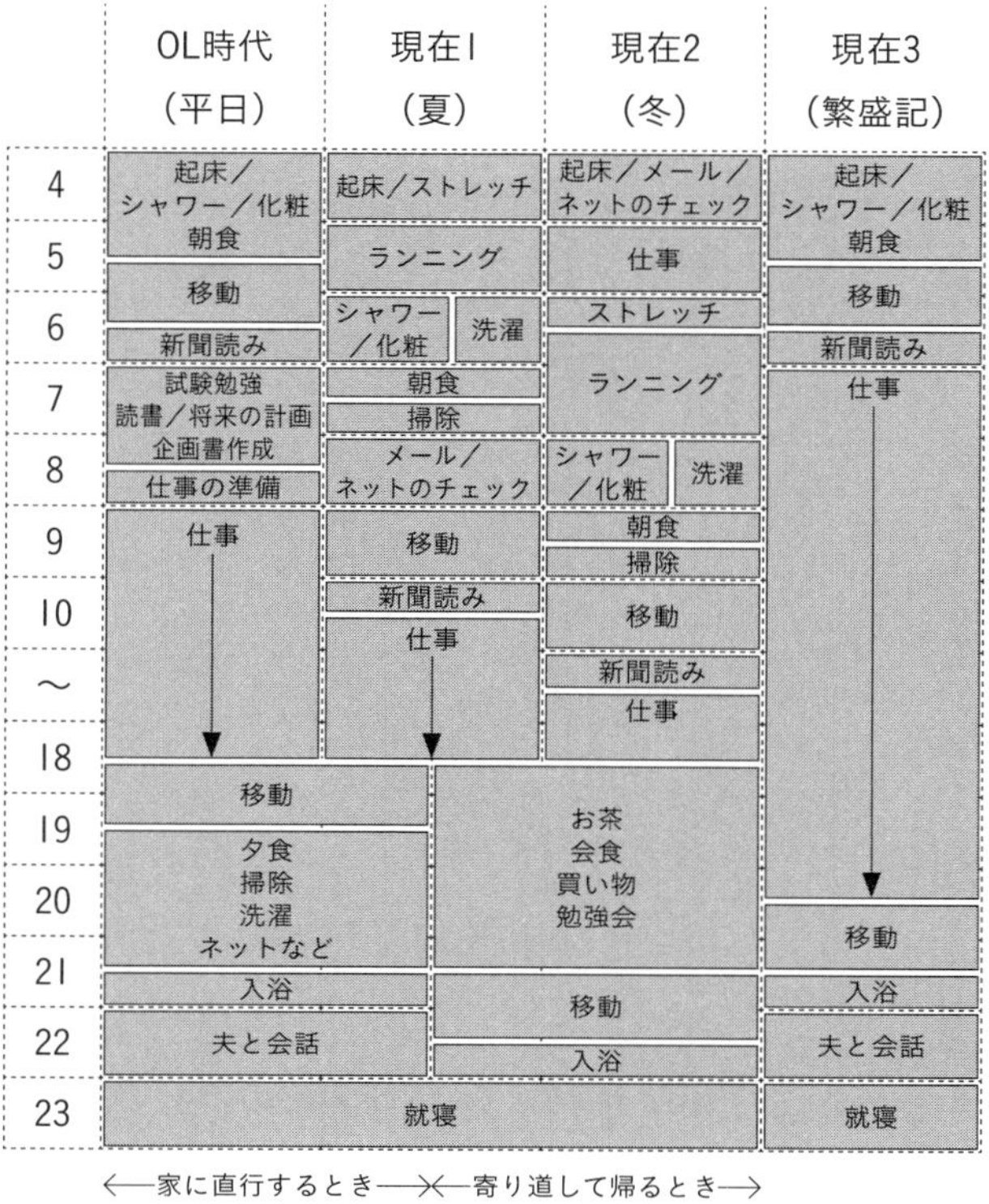

私の外資系コンサル会社時代の一日を紹介しましょう。

・夜は23時就寝。
・朝4時起床。シャワーを浴びて目を覚ます。
・5時までに化粧や髪型を整える&メールチェックなどをすませる。
・5時　朝食。
・5時半　家を出る。
・6時過ぎ　会社近くのファミレスに到着。ドリンクバーを注文。
・6時過ぎ～7時　昨日の夕刊と今朝の朝刊を読む。
・7時～8時半　趣味のパン教室のアイデアを練ったり、本を読んだり、ブログを書いたり、企画書を書いたりと、「思索と計画」の時間に充てる。
・8時半～出社。メールチェックや仕事の段取りをイメージする。
・9時～　業務スタート。

このように、起床から始業までの**限られた時間を細かく区切って実践するため**

には、いやがおうでも時間密度を意識せざるを得ません。タイムリミットがあるからこそ、やるべきことの全体像を把握し、適切な時間配分を考えることができるのです。

現在は自営で仕事をしているため、自由に時間が使えるのですが、ランニングをする場合、しない場合に分けて自分のすることをスケジュールに落とし込んで、無駄な時間を極力排除するよう意識しています。

朝4時起きすると「忙しい」という口癖は消える

時間密度とプレッシャーをもっと高めよう。――そう書くと、

「いつもそんな時間に追われた生活をしていたら、息が詰まりそう」

「私には無理」

と言う人もいらっしゃるかもしれません。でも、そんなことはないのです。逆説的ですが、**時間密度が高まると同時に「忙しい」という口癖も消える**のです。

なぜならば、朝は誰にも邪魔されない唯一の時間で、その時間を自由に使えているという感覚が味わえるからです。自分が、**自分の人生を思いどおりに支配している感覚に浸ることができる**からです。

そもそも「忙しい」「時間に追われている」と思ってしまうのはなぜでしょうか。それは、自分の意思とは関係ない、他の要因に振り回されている感覚があるからです。

私の友人に、ＩＴ企業で責任のある仕事をしている2歳児の母親がいます。彼女は自分の時間を作るため、子供を夜9時に寝かしつけた後に、仕事や翌日の夕食作り、洗濯などの家事をしていました。でも、子供には「早く寝てほしい」という母親の気持ちがどうしても伝わってしまうようで、なかなか寝ついてくれません。しかも、子供の寝る時間はまちまちなので、予定をきっちり決めることができず、仕事や家事が思うように進まない、と悩んでいました。

そこで彼女は、私を真似て朝4時起きを実行することにしました。

夜は思いきって9時に子供と一緒に寝てしまい、朝4時に起きることにしたのです。このことによって、子供が起き出す7時ごろまでの約3時間をまるまる自分の時間にできるようになりました。

子供が起きる時間は不規則ですが、夜寝つく時間に比べるとそれほどブレがなく、計画的に仕事ができるようになったそうです。また彼女は仕事柄、アメリカとのメールのやりとりが多いのですが、早朝のメールチェックを習慣にした結果、タイムラグを感じずにスピーディに仕事ができるようになったとも言っていました。

家事や育児の面でもメリットがありました。

彼女は保育園へ子供を送って行くのにいつも自転車を利用していますが、雨が降っている朝は徒歩で行かなくてはなりません。そのため、いつもより早く出かける必要があり、ついバタバタしがちです。でも、朝4時に起きるようになってからは、時間的にも気分的にも余裕があるため、雨が降っていてもあわてなくなったそうです。

また、子供には発熱がつきもの。朝起きたら子供が熱を出していた！　という場合、彼女の家では夫婦のどちらかが会社を一日休むのではなく、例えば彼女が午後半休、夫が午前半休といった「早番・遅番制」を取っています。ですから、朝4時起きして子供の発熱に気づいたときは、午前中に仕事をすませて早退すれば、仕事に穴をあけるのを最小限に抑えることができるのです。

ただ、早起きの唯一の懸念が夫とのすれ違いだったのですが、朝4時起きが習慣になった彼女に感化され、夫も朝4時起きをするようになったことで、朝から夫婦の会話の時間を持てるようになりました。

しかも、思いもよらなかったうれしい副産物も。早起きするようになった夫が、なんと「弁当男子」に変身したのです。お弁当に加え、炊きたてご飯の朝食まで作るようになったそうです。

このように、周囲の環境に振り回されない自分を保つためにも、朝4時起きはきわめて有効なのです。

朝4時起きで身につける瞬発力と「仮説思考」力

「仮説思考」という考え方があります。

問題を解決するにあたって、情報を徹底的に調べて結果を導き出すのではなく、情報が少ない時点から、問題の全体像や結論に「あたり」をつける思考方法です。

朝4時起きすると、この仮説思考が身につきます。なぜなら、毎日限られた時間内で結果を出さなければならないからです。

私は外資系コンサル会社の、時間に追われる部署で資料作成の仕事をしていました。並行していくつものプロジェクトが進んでいる中で、複数の人から持ち込まれる手書きの原稿や資料をきれいに、見やすく、伝わりやすいパワーポイント資料に作り変えるという仕事です。

例えば、プロジェクトを3つ担当しているとします。

Aプロジェクトは12時にクライアント先でプレゼン、Bプロジェクトは16時にプレゼン、Cプロジェクトは19時にプレゼンというように、プロジェクトが同日に重なる場合がほとんどです。

それぞれのプロジェクトのリーダーが最終的に資料をチェックできる時間帯、クライアント先までの移動時間、それぞれの資料の手間のかかり具合などを考慮して、段取りを考えながら並行して作業を進めていく必要があるのです。

クライアントのもとに出発する30分前に10枚のパワーポイント資料を超速で仕上げる、なんてことは日常茶飯事。しかもコンサルタントも忙しいので、打ち合わせはひと言のみという場合もザラ。「あ・うん」の呼吸に近いものを要求されます。1の質問で10の情報を得なければならない。そんなときの瞬発力は、朝4時起きで十分に準備しておくことで培いました。

誰もが頭ではわかっているのに、実感として感じていないこと。それは、**時間は有限**だという事実です。誰だって、時間をたっぷりかければいい資料ができることはわかっています。でもひとつの資料に1週間も2週間もかけられるほど、暇ではありません。なので、1分1秒でも早く、しかも確実なタマを打たなければいけないのです。

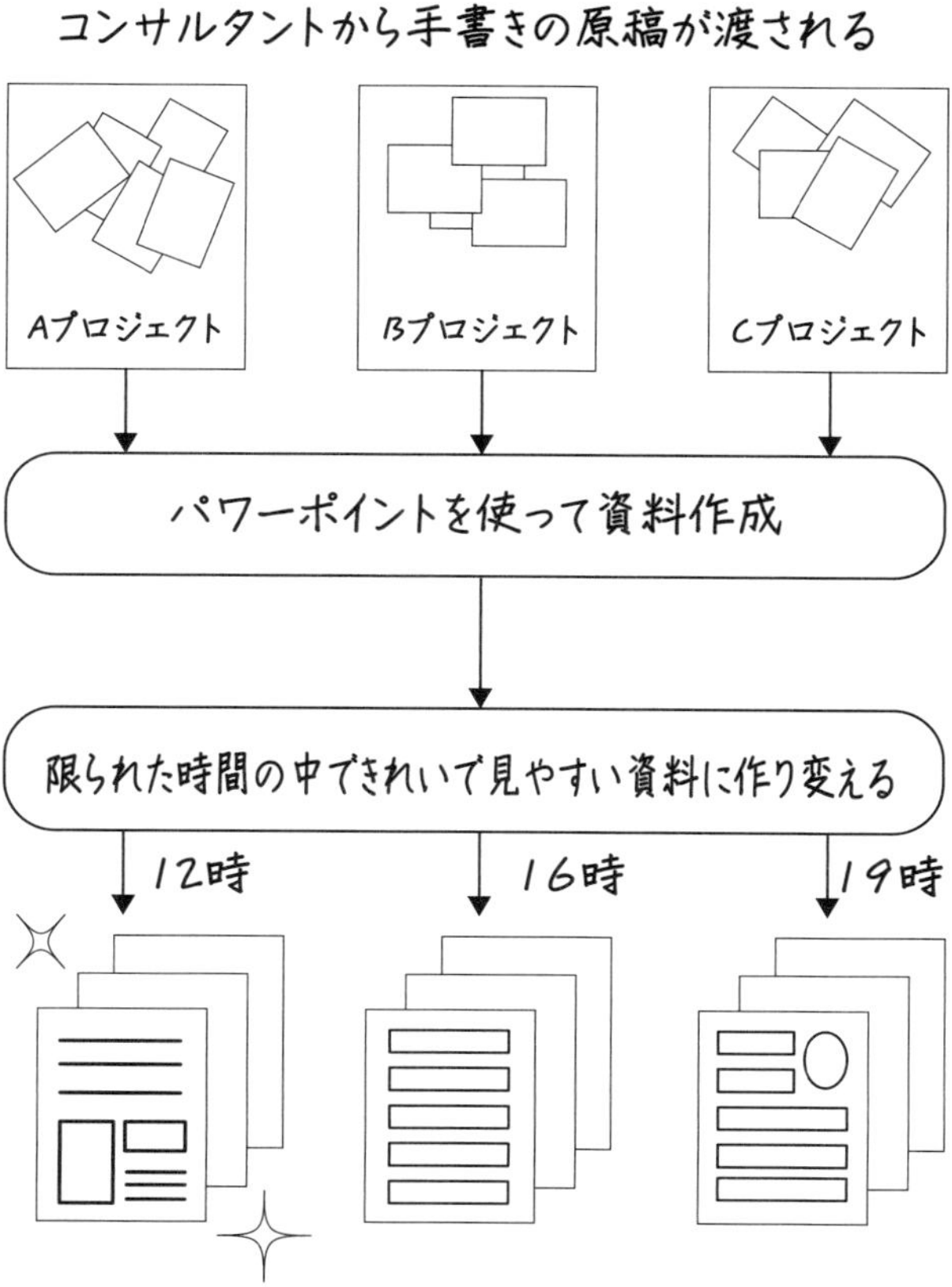
コンサルタントから手書きの原稿が渡される
Aプロジェクト
Bプロジェクト
Cプロジェクト
パワーポイントを使って資料作成
限られた時間の中できれいで見やすい資料に作り変える
12時
16時
19時

その瞬発力は早起きで身につきます。なぜならば、どんな質問をコンサルタントにすれば、自分の仕事がうまく進められるか、どこから始めれば一番効率的でかつ最適な結果を出せるか、といった「あたり」をつけることができるようになるからです。

朝4時起き生活になると、限られた時間の中で、どうすれば効率よく自分の求めている結果を出すことができるか。それを毎日訓練できるのです。

朝4時起きでネガティブな自分をリセット&リニューアル

「夜書いたラブレターは朝読み直したほうがいい。重すぎる内容になっているから」

という話を聞いたことがあると思います。夜は、内省的に物事を考えるには適していますが、ときおり、内省的すぎて、後ろ向きでどろどろした感情が出てきてしまうものです。夜書いたブログも、反省点ばかりが目について、後で読み直すとすぐに消したくなるような暗い文章だったりします。

ところが朝は、陽が昇ってくるところを見るだけでさわやかな気分に包まれるため、後ろ向きの感情を追い出すことができるのです。

「千恵ちゃんはいつも前向きだよね」

「いつもアクティブ&ポジティブだから、こっちまで元気になる」

知人やブログの読者から、よくそう言われます。でも、先ほどの大学時代の話を読んでいただくとわかるように、私はもともと超ネガティブ思考です。小さいころからあまり褒められて育っていないせいかもしれません。

いつも「自分の能力ではこれ以上は無理なんじゃないか」「あー、またやっちゃった」「ホントに私ってダメ人間だ」と、不安に駆られ、落ち込むことも多いのです。

でも不思議なことに、4時起きした朝はとっても気分が前向きになって、「よっしゃ、今日も一日突き進むぞー！」と、新しい自分になれるのです。

また、**朝4時起きで「ゴムボールのような打たれ強さ」も身につきます。**つまり、どんなに強く床にたたきつけられても、そのたたきつけられた反動で、さらに大きくジャンプできる力です。

先ほども触れたように、私はワタミ時代の一時期、関連会社に出向になりました。できたばかりの会社ですから、何でもやらなければならないのに、何もできない私が来たものだから、A社長もあきれ返ってしまいました。

自分の名刺ひとつ作るにも、どこに、どうやって発注したらいいかわからない。

取引先に向けて営業活動をしなければいけないのに、どこからどう始めたらいいかもわからない。

会社の情報を内外に発信しなければいけないのに、表現方法がわからない。わからないことを素直にわからないと聞けずに勝手に動き回るから、A社長の邪魔をすることになってしまい、注意を受ける。

そんな自分がもどかしくて、悔し涙を流す毎日。へこんで、泣いて帰った夜もあります。起業家精神を学ぶのに最適な環境のはずなのに、「何も教えてくれないこんな会社、もう辞めてやる!」とA社長を逆恨みすることもありました。

でも、翌朝早起きして始業前の30分を仕事の準備に充てると不思議と気持ちが落ち着き、「昨日A社長に注意されたことが今の私に足りないところなんだ。ここで精一杯学ぼう」と、前向きに頭を切り替えることができました。

この打たれ強さは、**早起きで自分のネガティブ体質を毎朝リセットできたおかげ**だと思います。失敗してもめげずに学ぶ意志を持ち、気持ちを前向きに切り替えられたのも、朝型生活のおかげなのです。

Chapter 3

朝4時起きで得した時間を仕事に活かす

まったくの勘違いOLでダメダメ社員だった私も、朝の時間を使うことで、徐々に仕事の何たるかを理解できるようになっていました。理解することで周りを見る余裕が生まれ、それまで気づかなかったことにも着目し、学び取ることもできるようになっていったのです。

私は「ワタミ」と「外資系コンサル会社」という、まったく違う業種の2つの会社にお世話になったのですが、それぞれに学ぶべきことはたくさんありました。

朝の時間を有効に活用して学べたことを実践し、そのおかげで生まれた余裕が朝の時間をさらに有効なものにする。そんな好循環が生まれていたのです。

1 ワタミで学んだこと、実践したこと

重要なことは頭がクリアな朝に決める、ひとり会議のススメ

当時、ワタミでは朝の会議がたくさんありました。朝7時にスタートして、始業時間の9時までの2時間の間に、決めるべきことをポンポンと決めていく、スピード感あふれる会議です。

その中のひとつが「業務改革会議」です。この会議では管理職のマネジャークラスの社員が店舗の情報を共有し、改善点を討議するというものです。本当は私のような下っ端社員が参加する種類のものではないのですが、当時は自主的に傍聴という形で参加することができました。

限られた時間の中、問題点への対応をどんどん指示する渡邉社長の言葉には凄味がありました。社員に向けて矢継ぎ早に質問し、その場で問題を解決しようという姿勢には執念のようなものさえ感じました。

また当時、ワタミでは階層別に分かれた社員研修もありました。毎月一度、朝7時から行われる会議にて「経営目的」や「課題図書」についてのレポートを提出し、上司からレポートの内容や仕事ぶりに対してのフィードバックを受けます。

この朝会議からヒントを得て、**今も私は朝の時間で「ひとり会議」を開いています**。朝起きたら、自分の役割（図解化コンサルタント、研修講師、著者、プロデューサー、妻など）を一つひとつピックアップして、課題や今後の展望について考える時間を設けるのです。

これは、朝やることがポイントです。夜だと先回りしすぎて将来のことを心配してしまったり、今日一日の出来事をクヨクヨと思い返して雑念が入ったりと、あまり生産的な考えが浮かびません。また、朝だと（始業時間などの）明確なデッドラインがあるので、何時から何時までと時間を区切って物事を考えやすいのです。

毎朝やるべきことに「トドメをさす」手帳活用法

渡邉社長は「トドメをさせ」というのも口癖でした。一つひとつをおろそかにせず、きっちり終わらせよという意味です。会議でも、問題点があったらすぐに「トドメをさす」ことをポリシーとしていました。

社長は、自分の予定や計画にも毎日トドメをさしています。スケジュールを手帳に書き出し、それを**達成するごとに赤鉛筆でしっかりと消します。**消したときの達成感と、残っている部分がまだある**「気持ち悪さ」を利用**しているのです。

このやり方を参考にして、私も毎日「トドメをさす」ようにしています。夜寝る前に、次の日にすべきことをリストアップしておいて、朝、そのリストに沿って仕事をして、一つひとつ消すようにする手帳活用法です。

ここでのポイントは**「前日の寝る前までに、頭で考えるだけではなく、書いておく」**ということです。私は手帳に直接書き込みますが、そのスタイルはパソコンでも携帯電話でも何でもいいのです。とにかく手を動かすことがポイントです。

なぜこの作業は朝でなくて、夜なのか。それは**前夜までに明日の朝○○をする、とやることを決めておかないと、朝起きたときに眠気のほうが勝ってしまって、「まあいいか」になってしまう**からです。

こうして、明日しなければならないことを、「見える化」しておくことで、自分の気持ちに「引っかかり」を持たせておくのです。この引っかかりを作っておくと、それが朝起きる動機になります。さらに、赤ペンで「トドメをさす」ことが増えると、それが自分の達成感につながっていきます。

ワタミの強烈な社訓にインスパイア

ワタミの社訓に「**できないと言わない**」というものがあります。また、「**限界から、あと一歩進め**」というのもあります。こういった言葉だけを聞くと、気合だけで何でもできるという精神論のように感じてしまうかもしれません。

私もワタミに在籍した当時は、なんとなく敬遠していたものです。でも、それが間違いだったことに気づいたのは、外資系コンサル会社の役員の「クリエイティブ・ジャンプせよ」という話がきっかけでした。クリエイティブ・ジャンプとは、**今までの考えからはまったく違った視点で問題をながめ、飛躍した切り口から考えよ、**ということです。

「できないと言わない」や「限界から、あと一歩進め」も、「クリエイティブ・ジャンプせよ」と同じ意味だったのです。無理なことを気合と体力で補って頑張るのではなく、「一見、できそうもないことを、どうしたらできるようになるか、あらゆる角度から考え、工夫する」という意味なのです。つまり、**頭を柔らかくするためのトレーニングのようなものです。**

頭を柔らかくするためには、十分に思考する時間が必要です。朝４時起きすれば、９時まで誰にも支配されない自由な５時間を得られます。その５時間を将来にわたって、本当に重要だと思うことに使えたら、ものすごく有意義だと思いませんか？

「6本の柱」を意識して、「自分ポートフォリオ」を作る

渡邉社長から教わった言葉に、「人生の6本の柱」というものもありました。「仕事」「家庭」「教養」「財産」「趣味」「健康」の6本の柱のバランスが取れてこそ人生がうまくいくという考え方です。

そこから私は、**「自分ポートフォリオ」**の考えのヒントをもらいました。ポートフォリオとは、『広辞苑』によると「①投資信託や金融機関など機関投資家の所有有価証券の一覧表。②資産運用に際し、もっとも有利な分散投資の選択」のことです。つまり、「自分ポートフォリオ」とは、自分の将来を考え、どこに投資して、どこを押さえておけば有意義な人生を送れるかを考え、分散投資をすることなのです。

柱を何本も持つことで、バランスの取れた自分という基盤を作ることは大切です。しかしこの柱は、**1本1本同時に、器用に積み上げていけるものではありま**

せん。最初からバランスを取って積み上げることは難しいものなのです。

最近は、「自分の得意なところを伸ばしなさい」「不得意なところは他人に任せなさい」といった考えがもてはやされる傾向にあります。たしかに、得意なところをどんどん伸ばして才能を活かすのも大事ですが、一時期は**自分の足りないところを補強することも必要だ**と思います。

例えば、家を建てるときには、1本の柱では建ちません。何本もの太い柱を立てて、はじめて家になります。人生も同じです。もしも会社という大きな柱を失って、自分の根幹が緩んでしまい、倒れてしまうとしたら……。そんな人生、嫌ですよね？

私は朝4時起きで、自分ポートフォリオを作ることができました。おかげで会社員を辞めてからも、図解化コンサルタントや飲食講師、ライターなど、いろいろな仕事が可能になっています。人間として、またビジネスパーソンとしての基礎体力を作る手段として、朝の時間を使うことはとても有効なのです。

今まで安泰だと思っていた企業が、いつ何時、突然つぶれてしまうかわからない。そんな中でも、サバイブできる人間になりたいと思いませんか？

朝4時起きで強固な柱を複数立てることができれば、これからの人生、何があっても怖くありません。あなたなりの「自分ポートフォリオ」を作ってみることをお勧めします。

朝の掃除から学んだ、自分を「ロボット化」する技術

Chapter2でも述べましたが、ワタミ時代の出向先のA社長は、私のあまりの出来の悪さにあきれ果て、文字どおり掃除の仕方から徹底的に訓練を始めました。当たり前の仕事のルールや考え方からたたき直さなければ、きっと自分にまで被害が及ぶ！　と考えたのでしょう。

朝一番に出社し、A社長が9時からスムーズにストレスなく仕事ができるための環境を作るのが、私の役目になりました。トイレの掃除、床拭き……週に一度

はフロア全体に掃除機もかけました。

A社長は、何でも「仕組み化」することを信条としていて、ルーティンワークについても一つひとつの手順をマニュアル化していました。トイレの床の拭き方からコーヒーメーカーに入れる豆の量、お湯を入れるタイミングやポットを洗う回数、パソコンのバックアップの頻度に至るまでが、細かく決められていました。

その他にも、ファイル整理の仕方や収納する向きまでもきっちり決められ、プロジェクトが終了するごとに会社独自のシリアル番号をつける、といったルールもありました。誰でも問題なく仕事が進められるように、細かく「仕組み化」してあるのです。

そしてこのマニュアルには、細部にわたって、「なぜこうするのか」という理由がありました。そのルールを、どんな例外もなく、まずは徹底します。決して気分によってそのルールを変えたりしないようにするのです。

「仕組み化」という概念がビジネスパーソンの間でもてはやされている昨今ではありますが、当時の私にはこのルールが、とても窮屈なものに思えました。私は

もともと大ざっぱで、「自分ルール」を勝手に作って仕事をするタイプの人間だったので、

「これって、私の頭が悪いみたいじゃない?」

「こんなことまでマニュアルにしなくてもいいし、教わらなくてもできるよ!」

「ここまでしなくてもいいでしょ!」

と、当然疑問に思いました。

ところが、A社長は次のように言います。

「当たり前のことすら徹底できないで、他に何を徹底できるのか?」

「こういうときはこうする、というルールをきちんと作っておかないと、何かあったときに判断に迷って余計な時間を取られてしまう」


それを聞いて、私は思い当たりました。

私は店舗勤務のとき「気分」で仕事をしていたせいで、毎日のように食材の誤発注を続けていたのです。食材の発注は、店舗の営業が終わる夜中の3時以降、お店の掃除も終わった4時ごろでした。そこでサッサと発注しないといけないの

ですが、モタモタしていると発注期限が過ぎてしまいます。発注期限を過ぎてしまうと、「パターン発注」といって平均的な食材しか入りません。

それをわかっていながら、私はいつもなんとなくの感覚で発注してしまう。かといって、コミュニケーション下手で先輩に相談もできず、ある日は大量に発注しすぎて腐らせ、またある日は少なすぎて欠品……ということを1年も繰り返していたのです。会社としては大変な損害です。

本部に戻っても同じこと。Chapter2でも述べたように、文房具や切手をしょっちゅう切らして迷惑をかけていました。

「なんでなんだろう。私ってホント、ダメ人間だ……」

そうやってクヨクヨするだけで、同じことの繰り返しでした。いつも行き当たりばったりの仕事をしているから、失敗に学ぶことができなかったのです。

私に足りないのは、**当たり前のことを、当たり前のように徹底して、何も考えなくても無意識にできるようになることだ！**　と、その言葉でようやく悟ったのです。

自分があたかもロボットのようになって徹底的にやる、という経験は、その後の間違いのない仕事ぶりにつながっていきました。

「朝のひとり時間」で「質問力」を磨く

A社長から教わったことで、もうひとつ心に残っているものがあります。**「質問の数と内容でその人の力量がわかる。**プロは目指すものが見えているから、質問が多く出る」

私は出向先で、ワタミグループに配布する小冊子の作成や、ホームページの作成を主な仕事としていました。といっても仕事が全然できなかったので、企画してゼロから作るなんてことはできません。A社長の考えるプランを、A社長自身が私向けの細かい指示に落とし込み、それを一つひとつ形にしていくものでした。

でも、私はその細かい指示すら、何のためのもので、それをやることでどういう結果が生まれるかというところまで考えが及ばず、指示とはかけ離れたものを作ってしまっていました。

これは、A社長の求めているものと自分のすることにギャップがあるためだ。それを埋めるために、わからないことは何でも聞かなければ！　と思うのですが、私の質問は小冊子やホームページの完成形を見据えておらず、ただのプロセスに関する質問ばかりでした。

「このファイルは上書きしてしまっていいですか？」

と質問したときには、

「当然の質問をしたら、持ち点が減って、あなたの寿命が縮まると思え！」

と言われてしまいました。

だから、質問を考えるために時間をかけることにしました。私がいちいちA社長に聞かなくても、作業が滞りなく進むためにはどうしたらいいだろうか……。ところが、そのために固まってしまい、他の仕事がまったく進まなくなってしまったのです。当然、「うまい質問を考えるために余計な時間をかけるな」と言われます。

そこで、今度はなるべく早く、A社長を待たせないように質問をします。すると、「思いつきで質問するな！」と言われます。

そのころの私は混乱してしまい、「いったい、どっちですかー⁉」と、泣きながら逆ギレしたりもしていました。

外資系コンサル会社に転職してからも、質問の重要性を感じさせられました。パワーポイントを使ってプレゼン資料を超速で仕上げるのが私の仕事。疑問点はコンサルタントに質問しなければ進まないのですが、要領を得ない質問をすると、途中で話を遮られたり、「で、結局何が言いたいの？」という顔をされたりしてしまいます。1分1秒を争うコンサルタントが望むような適切な資料がきっちりと出来上がるように的を射た質問をしなければならないので、毎日が闘いでした。

また、コンサルタントは、クライアント先の社員や、同社の商品を使っている一般人を集めて「フォーカス・グループ・インタビュー」というものを頻繁に開催します。これは、3〜10人の参加者に対して座談会形式のインタビューをして、クライアントの問題点や解決策を探るというものです。

このインタビューで、どれだけ重要な情報を仕入れることができるかがコンサルタントの質にも影響してくるので必死です。インタビュースキルを磨くための社内研修までありました。これらのことから、「質問力」が、仕事のできるできないにつながるのだと気づいたのです。

そこで私が、自分の「質問力」を磨くために採った方法は、**始業前の朝の時間でよく考える**ということでした。優秀な人なら、業務時間内に適切な質問ができます。でも私には無理な話でした。とっさにきちんとした質問ができないのなら、業務時間を使わずに質問を考えるしかない、と割りきったのです。

朝の時間で自分の過去の質問内容を振り返ると、失敗だと感じる質問には２つのタイプがあることに気づきました。

ひとつは、「質問のための質問」。つまり、「だからどうした？」「それを聞いて何になる？」「調べればわかるだろう？」というものです。相手の時間を無駄に費やしてしまうえ、自分もその答えを聞いても何も動けない、無駄な質問です。

もうひとつは、「対話になっていない質問」。つまり、相手の事情や状況を無視して自分が伝えたいことだけを言いきってしまう質問です。これは、結局「自分はこうしたい！」を主張しているだけで、相手の質問の答えによって建設的な何かが生まれるということがありません。

自分が質問しようとしていることを、この2つのタイプになっていないかどうかをいったん検証し、自分で自分にダメ出しすることにしたところ、だんだん質問の精度が上がってきました。この訓練の成果か、だんだんと、朝準備をしなくても、自然に適切な質問をできる自分に変わってきました。

2 外資系コンサル会社で学んだこと、実践したこと

プレッシャーをもバネにする「追い込み力」

夏休みの宿題が終わらないまま迎えた8月末。もうやらないとヤバイ。全然手をつけていない！　ところが、怒濤の集中力で取り組んだら、なんと3日で終わってしまった……。

明日が提出期限の企画書。この企画書に自分の昇進がかかっている。「なんとしてでも完成させなければ……」と自分にムチ打って、朝までかかったものの、なんとか満足のいくものに仕上げることができた。

こういった集中力をいつも保てたら、どんなにいいか。そう思っている人も多いと思います。

人には**「追い込み力」という、とてつもないパワー**が存在します。私はこのパワーを、外資系コンサル会社で学びました。

コンサルティングというのは、時間との闘いです。1分1秒を争う目の回るような忙しさの中、普通の企業の何倍ものスピードでポンポン物事が決まっていきます。一瞬の判断が要求される、まさにプレッシャーとの闘いなのです。

よく、外資系コンサル会社を卒業した友人とも話します。「前の会社を経験すると、忙しさなんて何ともなくなるよねー」と。実際、私の友人は大手保険会社に転職したのですが、周囲がバタバタ忙しそうにしているのを見ても、まったくの余裕だそうです。

渡邉社長も「365日24時間戦え」とよく言っていました。セーブしながらほどよく仕事をしていると、いざというときに全力疾走できない。**「なんでも〈ほどほど〉にやっていると、いつも〈ほどほど〉の力しか出せなくなってくる」**ということです。一時期でもがむしゃらに頑張って、自分のリミッターが外れる感覚を経験することは、やはり大切です。**「あれだけやったんだから、それに比べ**

たら余裕」と、いろんな場面で考えられるようになるからです。

前にも述べたように、ワタミ時代、一番嫌いだったのはタイムプレッシャーでした。店舗のキッチンで仕事をしているときは、お客様からの注文が立て続けに入るだけで落ち着いて物事を考えられなくなるくらい、時間に追われるのが苦手でした。そんなプレッシャーに弱い私が、1分1秒を争うスピード勝負のコンサルティング会社に入ってしまったのです。わざわざ首を絞められに行くような話です。

そこで私は**朝４時起きすることで毎日、苦手なタイムプレッシャーに打ち勝つ訓練を自らに課しました**。そのトレーニングのおかげで、今の自由な仕事環境を得ることができました。

朝の時間は、9時の始業までという期限付きの時間です。その中で、いかに効率的に、より多くのことをこなすかという闘いだからこそ、「追い込み力」が必要になります。ですから、こうした訓練を続けるだけでも、締め切り直前に限らず、いつでもフルパワーで仕事に取り組めるようになっていくのです。

制約条件がクリエイティビティを育てる

外資系コンサル会社時代、ボスたちの「火事場の馬鹿力」的な集中力は、見ていてとても面白かったものです（実際にはハラハラして、早く早く！　と焦っていたので、面白がるどころではなかったのですが……）。

「プレゼンまであと1週間あるから、ゆっくり資料作れるね」などというときに限って、なかなか仕事が進まない。結局出来上がったのは、当日の出発10分前ということはザラにありました。誤解のないようにいっておくと、ダラダラ仕事をしていたからではなく、ギリギリまでよいものにしようと、プランをあらゆる角度から見直していたためですが。

ところが、こんなにギリギリで大丈夫かな、と不安に思うときのほうが、むしろいい返事をクライアントからもらえるのです。私はこのとき、**普通の精神状態から生まれた考えは普通になりがちだが、追い込まれると卓越したアイデアが生**

まれてくるんだ、ということを知りました。

コンサルタントのBさんは、翌日に海外出張があるから絶対に今日中に作らなければならない資料があったのに、どうしても作ることができず、移動の飛行機の中で必死になって作ったそうです。

Bさんに聞いた集中法は「**ジャンボジェット離陸集中法**」。どんなものかというと、ジャンボジェットの出発準備中はPCを立ち上げることができないので、その間に目を閉じて資料のイメージを膨らませることに集中するのです。そして離陸して、シートベルトを外していいという合図が出た瞬間、すかさずPCを立ち上げ、資料を書きまくるのです。PCが使えない、という制約条件を最大限に活かし、集中力を極限にまで高める方法です。

これと同じ訓練効果が、早起きして、朝仕事をすることによって得られます。9時までの限られた時間の中で集中することは、時間に対する感覚を鋭くすることにつながります。毎朝、締め切りを抱えているような状態になるわけです。

毎朝の締め切りというと、なんだか追い立てられているというイメージがあって、嫌だなあと思う人もいるかもしれません。でも、快感を生み出す脳内物質であるドーパミンは、苦しい刺激の中で生まれるそうです。

「自分の作業に、制限時間を設ける」ことで、その制限時間をクリアできたときに喜びが大きくなって、ドーパミンが分泌されるのです。

始業までの時間というのは、自分で設定したタイムプレッシャーです。この時間内に、どれだけのことができるか。それを**自分の中でゲームのようにして競う**のです。

クリアできるかどうか、自分をギリギリの状況に置いてプレッシャーをかけると、ときとして思いもよらぬ結果を生むことができます。これは、外から押しつけられたものではなく、自分で決めたプレッシャーでないといけません。そうしないとドーパミンが分泌されないのです。

早起きも、自分で自分にかけるプレッシャーです。それをクリアすることによってドーパミンが出る。だから朝の早起きには達成感があるのです。

締め切りは自分から宣言して、「デキる自分」のふりをした後に追いかける

私が尊敬する、外資系コンサル会社時代の役員Ｃさんも朝型でした。コンサルタントというのは、全力投球でクライアントのために頭脳＆肉体労働をします。タフでないと務まらない仕事で、文字どおり24時間戦っているような人たちです。そんな中でも彼は、昔から朝型を貫いていたそうです。社内の地位が上がってからなら、自分の思いどおりのスタイルで朝型にすることもできるでしょうが、彼のすごいところは、平社員のころから朝型を続けていたことです。

例えば、夜遅くに上司がミーティングを入れようとすると、そのことによる自分のパフォーマンスの低下を論理的に説明し、朝にミーティングを入れ直してもらえるように説得したそうです。

もちろん彼は口先だけではありません。大口をたたいた後、必死でその分をフォローし、結果を出し続けた結果、今の役員の地位があるのです。

Ｃさんは、**本当の締め切りから１～２日前に「自分締切日」を設定し、それを**

秘書も共有していました。

締め切りギリギリになって焦るのは、誰でも嫌ですよね。頭の中で自分締切日を数日前倒しにして設定し、その1~2日は予備日に……というのは、誰でも考えていることでしょう。でも、頭で考えただけでは、結局ギリギリになってしまいます。そこで、書くことで、**いったん自分に約束してしまう**のです。

私もCさんに見習って、前もって締め切りを宣言するようにしていました。「だいたい、今月の中旬ぐらいに戻してね」くらいのゆったりとした締め切りのときでも、「ハイ」とそのまま受けずに、「では、15日に戻しますね」と宣言してしまうのです。すると、**宣言した手前、その約束を破ると自分がものすごく恥ずかしい**思いをします。**その恥ずかしさを利用する**のです。

朝の時間を大切にすると、「相手の時間に対する敬意」を払える

ところで、コンサルタントの口癖は何だと思いますか？

「相手に付加価値をつける」です。

外資系の経営戦略コンサルタントというと、スマートで論理的で、氷のような冷徹さを持ったサイボーグみたいに思われるかもしれません。私も、入社するまではそんなイメージを持っていました。でも転職して気がつきました。コンサルティング会社は、論理的なだけではなく「熱い」と。お客様のためになることに、本気なのです。

また、コンサルティング会社は一般に、物事をフレームワークに当てはめて、ロジカルに決めていると思われがちですが、じつは違います。ロジカルに物事を説明するだけでは人は動きません。相手の心に訴える熱いものがないと動かないのです。

私は、コンサルティング会社ってどれだけスマートかつロジカルに物事を進めるんだろうと思っていましたが、**コンサルタントは泥臭さとロジカルさの両方を兼ね備えていないとできない**仕事なのです。

ある役員はこう言っていました。

「フレームワークは、あることを考えるためのツールでしかない。そのツールをいかに壊してブレークスルーさせるかが、われわれ役員の役目なんだ」

コンサルタントは毎日、「自分は付加価値をクライアントに与え続けている人間かどうか」を、自問自答しながら仕事しています。コンサルタントにとって、「付加価値がつけられない人」という評価は、「いてもしょうがないから辞めろ」と同義語なのです。ましてや大手のコンサル会社ともなると、クライアントからもらう報酬も桁違いです。コンサルタント一人の時給が数万円を超えていてもおかしくないほど。

つまり、クライアントに、自分のアドバイスで一時間数万円を上回る利益をもたらすことができなければ、相手のクライアントはペイしないということです。

私は管理部門にいたので、直接クライアントからのプレッシャーを感じたことはありませんが、コンサルタントと一緒に仕事をするだけでも、彼らの必死さは伝わってきました。

自分の時間価値を最大化するためには、そのための戦略をじっくり練らなければいけません。そのための最適な時間が、朝の時間だと私は思っています。なぜならば、朝は相手の時間を使う必要がないからです。

時間というのは、命を削って生まれるものだと思います。私たちは普段気にせずに、何気なく過ごしていますが、よく考えると**「死ぬ」ことに向かって進んでいる**のです。そう考えると、相手との約束に遅刻することは、本当に怖いことだと思います。自分のせいで、相手の貴重な時間を奪っていることになるのですから。

周りにいる私の尊敬する人たちは、地位が高い人ほど時間の感覚にシビアで、相手の時間の使い方に敬意を払う人が多いようです。

私のもう一人の上司からは、こんな話を聞きました。

「長年、大企業の社長と仕事をさせてもらって思うことは、偉くなればなるほど、お金じゃなくて時間を本当に大切にしている。だから私はいつも、会食のときには必ず、〝貴重なお時間を私どもにくださって、本当にありがとうございます〟と伝えるんだよ」

大企業の社長は、例えばほんの1時間で、社員数千人の将来を左右する決断を下すこともあります。そんなプレッシャーが大きい中での1時間は、お金や物などには到底換算できないものです。だからこそ、お金なんかより、自分の時間を最も大事にするのです。

朝の時間は、タイムプレッシャーで1分1秒にシビアになることができます。朝の自分の時間で最大限の準備をするのです。さらに、一人で集中して考えることができる分、相手の貴重な時間を費やすことを最小限に減らせます。

朝の新聞チェックで仕事の戦略を練る

私は今も、朝の30分で、当日の日経新聞の朝刊と前日の夕刊をざっくりチェックします。これは、世の中の流れやマスコミの論調を知るためということもありますが、外資系コンサル会社時代は、クライアントの業界の状況を知るためというのが一番の目的でした。

この作業はコンサルタントにとっては基本中の基本ですが、私のようなサポートスタッフでそこまでする人は少数でした。コンサルタントにとっては、自分の担当しているクライアントのことを深く知っておくのは当然のことです。今はニュースや世の中の状況は、インターネットで検索すればすぐに出てきてしまう時代です。それでもどうして新聞を読み続けるかというと、クライアントとの会話の糸口は、やはり「今日の日経読んだ？」で始まるからです。

コンサルタントが必ず読んでいるのが日経新聞なので、そのサポートをする立場である私も読んでおけば、やはり会話の糸口になります。また、「今朝の日経でこんなこと書いてありましたが、この資料、昨日のままでも大丈夫ですか？」などと仕事にからめて会話ができれば、コンサルタントにも「何か違う」と一目置かれることになります。

ときには、朝のニュース次第では、資料を作り直さざるを得ないようなプロジェクトもありました。

「クライアントの事業方針に変更点があったから、きっと○○さんからこの資料が出されるだろう。だから、今日はきっと忙しくなるはず……。心配だからいつもよりもう少し早く出社しよう」

そんな判断も、朝の時間で新聞をチェックしているからこそできるのです。

朝の時間で考えた〝つきすすむ〟「自分クレド」

「クレド」とは、ザ・リッツ・カールトンの全従業員に配られる、名刺大の小さなカードのことです（もともとはラテン語で、「信条」「信念」の意味）。そこには、スタッフの行動の指針となる使命がまとめられています。具体的には、次の3つです。

「リッツ・カールトンはお客様への心のこもったおもてなしと快適さを提供することをもっとも大切な使命とこころえています」

「私たちは、お客様に心あたたまる、くつろいだそして洗練された雰囲気を常にお楽しみいただくために最高のパーソナル・サービスと施設を提供することをお約束します」

「リッツ・カールトンでお客様が経験されるもの、それは感覚を満たすここちよさ、満ち足りた幸福感そしてお客様が言葉にされない願望やニーズをも先読みしておこたえするサービスの心です」

(http://corporate.ritzcarlton.com/ja/About/GoldStandards.htmより)

ここには、具体的な行動指針ではなく、考える余地が広く与えられています。ここから、ザ・リッツ・カールトンの従業員はそれぞれに工夫し、試行錯誤しながらサービスを行っているのです。

これを読んで、「私もクレドを作ろう！」と思いました。

私らしい言葉、私を表す言葉。そして、基本方針を示せる言葉って何だろう……。

そう思ったとき、思いついたのは「つきすすむ」という言葉でした。

女子大を辞めて他の大学に入り直したり、ワタミから外資系コンサル会社に転職したり、会社にいながら料理教室をやったりと、いろいろなことに夢中になっているうちに、いつしか私は周りの人から「突き進んでるね！」と言われるようになったのです。そこでできたクレドが、これです。

つ…追求（いつでも好奇心を持って、よりよい仕事ができないか追求する）
き…期待値超え（仕事を依頼してくれた相手の期待値を超えていく）
す…スマイル（いつも笑顔で、ありがとうを忘れない）
す…スピード（品質とスピードの最適バランスを図る）
む…向こう側（相手の立場になって物事を考える）

「つきすすむ」をクレドにしよう、と思いついたのも、その中身を考えたのも、朝の時間。場所は会社近くのファミレスでした。夜考えたクレドは、長ったらしくてこじつけっぽくてイマイチだったのですが、朝のスッキリした頭で考えた「つきすすむ」は、私のポリシーをよく反映していると自画自賛しています。

私は、この「自分クレド」をいつも心に置いて仕事に向かっています。仕事で少しムッとすることがあっても、「あ、そうだ！　私にはこのクレドがある！」と思えば、**気持ちをリセット**できます。

もちろん、クレドを意識しすぎて突っ走り、あまりに早く仕事を進めた結果、雑になってしまったり、力を抜けずに暴走して倒れそうになったこともありえます。期待値を少し超えればよかったところを思いきり超えてしまい、今度は超えた値が次のスタンダードになってしまって、それがプレッシャーになって自分でもつらい思いをしたこともあります。

そんなときは、夜、寝る前に見直して反省することをしていました。クレドどおりに物事がうまく運んだ日はいいのですが、もしうまくいかなかったときは、その反省点をベッドまで持っていくことになってしまいます。すると、「反省」ではなく「後悔」が先にきて、なかなか寝つけなくなってしまうのです。

そこで、そういった**前日の反省も朝行います**。夜やると、落ち込んだり、ヤケ酒やグチに走りがちですが、朝だとその心配がないので安心ですし、ストレスも少ないので、お勧めです。

Chapter 4

朝4時起きで最適なワーク・ライフ・バランスを！

朝の時間を有効に使うことで仕事の段取りが上手になり、スキルもアップします。ところが、本当に仕事ができる人は、決して仕事のみに生きているわけではありません。「仕事」と「遊び」を、まさしくバランスよくこなしているのです。

最近よく耳にするこの「ワーク・ライフ・バランス」を、本当の意味で理解するためにも「朝4時起き」は効果を発揮します。

1 「遊びが仕事、仕事が遊び」を目指そう

仕事の自分とプライベートの自分を同じ土俵に上げる

「私はこんな仕事をするために生きてきたんじゃない」

「いつか〝好き〟なことを仕事にできる日が来るはず。今の仕事はそのための腰掛けにすぎない」

「仕事はあくまでもお金を稼ぐための手段。私はプライベートのために生きている」

こんな話を同僚や後輩からよく聞きました。実際、私も同じように思っていた時期があります。しかし、こういったグチが、**今のダメな自分をありのままに直視できなくて、認めたくない人の言い訳にすぎない**と気づいてから、仕事や人生が急にうまくいくようになりました。

考えてみてください。仕事が仮に9時から17時、休憩1時間としても、一日24時間のうちの少なくとも7時間、つまり約30%の時間を仕事に費やしているわけです。その30%を、ただ「早く終わらないかなー」と、気持ちも込めずに無為に過ごすのと、「よしっ、仕事で学んだことをプライベートにもつなげて、何でも楽しくしてやろう!」と思って過ごすのとでは、1年後、3年後、5年後に大きな差となって表れてきます。

この30%をただ流されるままに仕事をするのは、時間の無駄。いつまでたっても**〝人生という車〟の運転席には座れません**。助手席に乗って、運転手についていくだけの人生なんてつまらないと思いませんか?

人生の助手席から抜け出すためには、まずマインドを変えることです。朝4時起きをして、自分の人生を自分でコントロールすることで、助手席に乗って運転手に自分の行先を任せている状態から、**自分で自由に運転し、いつでもどこでも、好きなところに行く感覚をつかむ**ことができます。

一見つまらないと思えるような仕事でも、自分らしさは出せるものです。例えばコピー取りひとつとっても、目的によって予備部数を何部にするかとか、そのコピーを読む相手が年配の人で、細かい字が見えにくいようなら少し拡大コピーするとか。何か指示を受けたときに、**その指示が何のためにされたのかを瞬時に察知できるか**、その能力がコピー取りひとつにも問われます。

そういった細かい気遣いを繰り返すことによって、「○○さんなら、きっとこんな感じで仕事を仕上げてくれるはずだ」「○○さんに任せると安心」と、だんだん言われるようになってきます。こうなればしめたもの。**仕事をこちらのペースに引き込み、意見や提案をしやすい土壌を作ることも可能**になります。

そうなれば、仕事においても自分らしさを活かしながら、上手に効率よくこなして早く終わらせ、その分、朝や終業後にプライベートの時間を作り出すことも可能になるのです。

料理教室のシェフが、調理実習をしながらこんなことを言っていました。

「食材や調味料を入れたタイミングで味を必ず見てください。**プロセスごとの味がよくないと、絶対に最後に美味しい料理にはなりません**。例えば、最初の味付けは少々しょっぱいけど、まあ後でなんとかなる、ということは絶対にないんです。その都度修正していかないとダメなんです」

これは、そのまま人生にもつながることです。仕事、趣味、家族との団らん、健康……すべてがトータルで美味しくないと、人生は美味しくなりません。途中でまずくなったのを後でごまかそうとしても間に合いません。まずくなったときにすぐに修復しないと、結局全部がまずくなってしまいます。**「仕事」も「プライベート」も同じです。どちらも美味しくないと、美味しい人生は送れない**のです。

「ワーク・ライフ・バランス」の本当の意味を知ろう

最近よく話題になる「ワーク・ライフ・バランス（仕事とプライベートの調和）」という言葉が、まさにそのことを言い表しています。

ところが、言葉の響きから、仕事と趣味をどちらも同じペース配分でいくとか、仕事のペースを緩めて人生に余裕を持たせるとか、そんなイメージを持っていませんか？「仕事はそこそこにして、アフター5を充実させよう」「残業を無理にでもなくして、ちゃんと休もう」という意味で使われることも多い気がします。でもそれは大いなる誤解です。

「ワーク・ライフ・バランス」の本当の意味は、**「仕事と遊びを、どちらも同じ土俵に上げて、同じ視線で考える。それでこそ、仕事にも遊びにも創造力が発揮でき、人生が楽しくなる」**ということです。

日本において「ワーク・ライフ・バランス」の概念を浸透させた立役者である小室淑恵さんも、『新しい人事戦略　ワークライフバランス　考え方と導入法』（日本能率協会マネジメントセンター）の中でこう書いています。

「仕事において、高い付加価値を提供し、成果を上げるためには、広い視野や人脈が必要である。そして、それらは仕事以外の場で身につくことが多い。つまり仕事以外の場を大切にすることによって、仕事も短時間で成果を上げることができるようになるのだ」

「ワークライフ〝バランス〟というよりは、ワークライフ〝ハーモニー〟という表現の方が筆者の考えには合っている」とても共感できます。ワークの自分も、ライフの自分も同じ自分だから、どちらも大事にして、どちらでも成果を出す。ワークとライフの「バランスを取る」ことが大切なのです。

デキる人は、「仕事」も「趣味」もどちらも本気

私の周りにいる、イキイキと輝いている人の共通点は、「仕事」も「遊び」も一所懸命で、どちらも全力で楽しんでいるということ。人生を謳歌していて、とても楽しそうです。

小中学校時代にさかのぼってみると、いかにもガリ勉君で勉強しかしていないような子が、学年トップにいることが多かった気がします。でも実際は、**勉強だけやっているガリ勉君よりも、よく学びよく遊び、メリハリをつけて勉強している人のほうが最後は勝つ**のです。私はそのことを、高校・大学時代に学びまし

た。

私の中学～高校時代からの親友に、上智大学に現役合格した人がいます。私の出身高校は福島県内では進学校のひとつですが、そうはいっても東大には３年に一度、１人入る程度。早慶上智レベルは現役合格２名というレベルです。その中でラクラクと、上智大学の花形学部である外国語学部英語学科に合格してしまいました。

彼女はいつも、休み時間は思いっきりバカなことをして、学校中を走り回って先生にいたずらするような、おてんばな子でした。でも成績はつねに学年トップクラス。教室で勉強を始めると、他のことはすべて目に入らないぐらいに一心不乱に勉強します。先ほどまでのバカをやっていた姿は消え、キリッとするのです。私は彼女の勉強スタイルを見て、**頭がいい人は、勉強するときの集中力と遊んでいるときの集中力が同じ大きさ**なんだ、と悟りました。

大学時代も、優秀な人ほど、よく学びよく遊んでいました。普段はバスケばかりしていたり、山に登ってばかりいたり、ボランティア活動に精を出したりする人が、テスト前の猛勉強であっさりと「A」を取ったりするのです。

大学在籍当時は、「そんな人たちは頭がいいからうらやましい。私はIQが低いから、そもそも無理」と思って卑屈になっていたのですが、そうではなくて、メリハリの利かせ方の違いだったのです。

外資系コンサル会社時代には、バンドを組んで音楽活動をしたり、劇団に所属して女優として舞台に立っていたり、ベリーダンスがプロ級でショーに出演していたり、カラーコーディネーターの資格を持って相手の似合う色を診断していたり、ウォーキングの先生として活躍していたりと、プロ顔負けで、それを商売にしても生活していけそうな人がたくさんいました。

私はその会社で、社内を元気にするためのイベントを開催するプロジェクトに1年間関わったことがありました。そこで考えたのが、そうした「隠れたプロ」たちにいろいろ教えてもらおうという企画でした。さまざまな才能を持った社員に一日講師になってもらい、各自の専門分野のことをいろいろ教えてもらう、社内カルチャースクールのようなものです。

私は当時から趣味で、週末にパンやチーズの教室を開いていました。ですから、私にとってもいい勉強になりました。講師としてどうやって話せば、みんなが興味を持って聞いてくれるかを、講師を務めてくれたコンサルタントたちから学ぶことができました。さらに、ワイン教室や中国語教室、カリグラフィー教室といったイベントを開催しながら、**何かひとつのことに秀でた人は、仕事も趣味も手を抜かない**、と実感したものです。

彼らに共通していた大前提が、「文句なく仕事ができる」ということでした。どうしてだろう？　と考えたとき、集中力が他人に比べて高いことに気づきました。仕事が忙しくて趣味を楽しむ時間がないと嘆く前に、やりたいという情熱を、並外れた集中力に変えて早く仕事を終わらせるのです。

また、負けず嫌いの人もたくさんいました。社員旅行のイベントで班対抗のオリエンテーリングや運動会をすると、みんな一丸となって全神経と体力を注いで取り組むので、骨折する人が出てしまうほどでした。「勝つ」ことに異様な執着心を持つこの集団は、**何をするにも、本気でぶつかっていくエネルギー**を持っていました。

ダメな私との違いは「自信」と「発言力」

「仕事にも趣味にも全力で取り組める人たちと自分との違いは、いったい何なのだろう?」

じつは外資系コンサル会社に転職し、契約社員から正社員になって仕事が増え始めた当初は、段取りが悪くコミュニケーションもうまくいかず、気がつけばずるずると残業という日々が続きました。ワーク・ライフ・バランスをうまく取れない典型だった私は、しばらく悩んでいたのです。

帰らなければならない予定があっても、コンサルタントからの依頼ではなかなか断れません。クライアント優先の職場なので、先方のやむを得ない事情で残業するときは仕方がありません。でも、ときには、本当にこの残業が必要なのか疑問に思うような依頼も断ることができずに、引き受けてしまうことがありました。心がモヤモヤしたまま、「なんでこれを今やらなければいけないの?」という気持ちで仕事をすることもありました。

そのせいで友達との飲み会やランチをドタキャンすることも多く、友達が減った経験もあります。このようなことが続くと、好きな仕事もだんだん負担になってきてしまいます。自分を犠牲にしてまで、どうして仕事をしなければならないのだろう……と、仕事に対して否定的になった時期もありました。残業を「させられている」気持ちになっていたのです。

そんなとき、とある先輩の姿が目にとまりました。彼女は仕事がものすごくできて、コンサルタントとも対等に渡り合っているのですが、残業もほとんどせずにサッサと退社し、毎週月曜日は必ずベリーダンスの教室に通っているのです。私は、彼女の仕事ぶりを観察してみました。

彼女は、コンサルタントと本当に仲が良くて、思ったことを何でもポンポン話しています。しかもそれが本質を突いた、パワーポイントのプロならではの視点ですから、コンサルタントも彼女の言うことを信頼して、とてもいい関係を築いているのです。**自分の能力を上げて発言力をつけることで、自分の主張を嫌みなく伝える**ことができていたのです。**自分の仕事力、判断力にプロとしての自信が**

あるから、相手に対しても臆せずにものが言えるのです。

そのとき、気づきました、私にどうして発言力がないかを。私は卑屈になっていたのです。「私はサポートスタッフだから、コンサルタントと対等に渡り合えない」と、**自分の成長の「のびしろ」を自分で狭めていた**のです。

コンサルティング業界ではよく、「プロフィットセンター」「コストセンター」という言葉を使います。プロフィットセンターとは、会社の利益を直接稼ぎ出す部署。一般企業でいうところの企画・営業のようなところです。一方コストセンターとは、会社に直接的な利益をもたらさず、逆にコストを奪ってしまう部署です。一般に経理や総務などがこれに相当します。したがって、いかにコストセンターのコストを最小化し、プロフィットセンターの利益を最大化するかという観点で戦略を練るのです。

つまり、「外資系コンサルティング会社」とひとくくりにされがちですが、前線に出るコンサルタント（＝プロフィットセンター）と、私が在籍していた管理部門（＝コストセンター）とでは、仕事内容も給与・待遇においても大きな違いがあります。

そんな現実があったからでしょう。私は「自分の仕事はどうせコストセンターだ」と卑屈になってしまっていたのです。

私はこの考えを改めることにしました。**コストセンターだと思われている部署だけれども、自分はプロフィットセンターの誇りを持って仕事をしよう**、と思ったのです。経営戦略策定の力や論理的思考能力はコンサルタントに及ばないかもしれないけれど、少なくとも図解やパワーポイントにおいては、コンサルタントよりも圧倒的な知識や知恵がある。だから、いたずらに卑屈になる必要はない。そう決意したのです。

卑屈になっている原因は、自信のなさからきていました。クヨクヨするのはもともとの性格だから仕方がない。でも、今までの経験から、早起きすればクヨクヨを追放できる。そう理解していた私は、**朝のパワー全開な状態で「自信」をつけて、その結果として「発言力」をつければいいのだ**、と思ったのです。ワタミ時代から再開した早起き習慣は、私の中に「朝4時起き＝前向きモード」と、脳内プログラミングしてくれていたのです。

自信をつけるために、今の仕事を徹底的にやろう！　そこで自信をつけて発言力がつけば、自然と自分の自由な時間も増えるはずだ！　と意を決し、朝の時間を自分の投資の時間と位置づけ、考える時間を作ることにしました。

Chapter2でも述べた、始業前の30分を会社時間に使うことの他、趣味の「食」の勉強をときにはさしおいて、パワーポイントのスキルアップの本や自分の会社の上司が書いている本、出ている雑誌、そこで語られている仕事のこだわりを徹底的に読み込み、自分に求められる動き方は何かを考えました。

その他、相変わらずコミュニケーションスキルに自信がなかったので、コミュニケーション関連のビジネス書や、部下を育てる方法、上司とうまくいくための方法を説いた本を読んだりもしました。外資系コンサルなのにロジカルシンキングにもまだ自信がなかったので、ロジカルシンキング、戦略思考とはどういうものかなどの本もよく読みました。そして、それらの知識を自分の具体的行動に落とし込んで、朝からのビジネスの場で徹底的に試してみたのです。

そのおかげで、いつしか自分も、前述の先輩のように、コンサルタントに対して自分の考えも主張できるようになっていきました。その結果、仕事でも評価され、趣味の技術もプロ級にまで高めることができたのです。

さらに、朝4時起きで趣味も仕事もあきらめない生き方ができるようになるにつれ、**「安心感」「余裕」という副産物**もついてきました。例えば仕事がうまくいかずに落ち込むことがあっても、「私には趣味がある」と心をニュートラルに保てます。反対に趣味がうまくいかなくても、「私は仕事でちゃんと結果を出している」と自信を取り戻すことができます。つまり、**心のバランスを、趣味と仕事でうまく保つことができた**のです。

2 仕事を遊びに変えるための、ちょっとしたコツ

「やらない？」と聞かれたら、「やります！」と返す大風呂敷戦略

私の好きな言葉に「Fake it till you make it」というフレーズがあります。「できるようになるまでは、できるふりをしろ」という意味です。

これは決して、ハッタリをかませろ、という意味ではありません。**「余裕のあるふりをして、必死でその余裕な自分に追いつけ」**という意味です。

自分で自分に限界を設けて、「自分はこんなもんだ」と思っている人はけっこう多いと思います。外資系コンサル会社にいたときも、

「自分はパワーポイントしか使えないから、それ以外に取り柄がない」

「転職するにしても、こんな部署はコンサル以外にないから、選択肢が極端に少ない」

と話す友人や先輩もいました。私から見れば、コンサルタントとの交渉力、パワーポイントの精度・テクニック、人格、思いやり、どこを取っても申し分のない人でもそうなのです。いつも、「なんてもったいないんだろう！」と思っていました。

私は、身のほど知らずを承知のうえで**「Fake it till you make it」を合言葉に、いつも大風呂敷を広げます。そして、大風呂敷を広げた自分になるべく、未来の自分を必死で追いかけます。**

朝４時起きをしているからこそ、それが可能なのです。

先ほどの「社内を元気にするためのプロジェクト」ですが、これは、上司に「やってみない？」と声をかけられたことから始まりました。このプロジェクトは業務時間外のミーティングがあったり、役員たちとの交渉があったりと、けっこう面倒なものです。

たぶん「やらない？」と声をかけられなかったら、進んでやろうとは思わなかったでしょう。でも、せっかく声をかけてもらったのだから、何かがあると思って「やります！」と答えました。しかも、どうせやるのだから、自分の趣味にも役立って仕事にも役立つような企画にしたい。何かないだろうか？　と考え、思いついたのが「社内カルチャースクール企画」でした。

このイベントで、**一見面倒に思えるような仕事でも、自分の楽しみと結びつけてしまうことで、最終的には自分のためになる**ということを学びました。この経験のおかげで私は、**誘われたことにピンときたら、とりあえずその話に乗ってみる**ことにしています。**やらないで後悔するよりは、やって後悔したほうが断然いい、たとえそこで失敗しても今後の学びになる**と思うからです。

朝4時起きの習慣から、「準備できる時間は十分にある」という自信もあるので、**何とか頑張ればギリギリできそうなものは、将来の自分に「できる」と約束してしまえる**のです。

私がパン教室を開催することになったきっかけも、「できます！」宣言からスタートしています。

私は大学時代から料理教室を開くのが夢でした。外資系コンサル会社の契約社員時代に通ったパン教室でパン作りにはまり、そのパン教室の師範科を卒業しました。したがってその教室のノウハウを伝えることを許されてはいましたが、先生として教える経験は皆無です。でもいつかは教えたいと思い、SNSのプロフィール部分に「パン教室の師範を持っています」とひと言書いておいたのです。

それを見たある教室の主催者が私にコンタクトを取ってきてくれて、それがきっかけで講師の夢がかないました。

ところが、教室を開きたいと思っているくせに、私は人前で話すのが大の苦手。オファーがあったときは少し尻込みしました。「私に、講師なんて務まるんだろうか……」と。でも、せっかく「やりませんか？」と言われたこのチャンス、「逃したくない！　できないなら、当日までにできるようになればいいだけだ！」と思い、受けることにしたのです。

この話を受けたおかげで、講師としての話術の他に、

・参加者からの質問に応えられるよう、勉強して努力する気概。
・参加者に喜んでもらえるような面白いレシピを考える想像力。

・教室を開催するための具体的なノウハウ。

など、たくさんの学びがあり、その経験が今の研修講師や講演の仕事に生きています。

チーズ教室講師についても、同様の経緯がありました。チーズ講師デビューは、チーズプロフェッショナル協会主催の大がかりな会で、参加者も30～50人はいます。

パン教室のおかげで少しは話すのに慣れていましたが、パン教室の生徒は多くても8人程度。ところが、チーズプロフェッショナル協会が主催する会合の参加者はその何倍もの人数で、しかもチーズの知識が深い人たちばかり。中には、すでに自分でチーズ教室を主催しているプロの人もいます。そんな人たちを前に講義をするのは、当時の私には無謀ともいえること。まさに身のほど知らずでした。

でも、「やります！」と大風呂敷を広げたことが、朝早く起きて勉強するモチベーションにもなり、何とか講師を務め上げることができました。

「できます」「やれます」には、もちろん結果責任が伴います。無責任なことを言ってしまうと、信用を失うリスクもあります。しかし、「締め切り宣言」と同じで、一度宣言してしまうと、その**宣言に見合う自分になれるよう、なんとか努力する**のです。**どうすれば、期待された自分になれるのかを、必死で工夫する**ようになります。

自分の幅を広げるために、食卓を大事にする

朝4時起きして朝の時間を有効に使うと、段取り力が高まるので仕事を早く終わらせることができます。そしてその分、自分の趣味に十分時間を費やすことができます。

もちろん、趣味の学校に通ったり勉強したりというのも大変いいことですが、

たまには飲み会に出席したり、家族とゆっくり食事をしたりすることにその時間を使いましょう。**食事や飲み会の時間が、趣味の時間や幅をさらに広げるきっかけになる**こともあるからです。

乾杯で笑顔を増やす

私は2005年に、日本記念日協会に5月9日を「ゴクゴクの日」として記念日に認定してもらいました。これは、

「初夏の日差しが気持ちよくなる5月9日に、家や屋外でビールをゴクゴク飲んで爽快感を味わう」

「水資源に恵まれない地域の人々も、水をゴクゴク飲めるような水環境を考える」

ことを目的に制定されました。

「酒好きでビールをゴクゴク飲む人が、どうして水環境？」と、よく聞かれま

す。じつは美味しいビールには大量の水が必要です。私たちがビールをゴクゴクできるのも、水環境が整備されているからこそなのです。

一方、世界には、きれいな水すら満足に飲めない環境にいる人たちが今もたくさんいます。そんな人たちに、飲んべえの私たちが少しでも貢献できることはないだろうか、と思ったのがきっかけです。毎年5月9日にはオフ会を開催し、その収益をNGO団体を通じて、水環境に恵まれないスーダンやアフガニスタンへささやかながら寄付をしたり、故郷の福島県の震災復興のために寄付をしたりしています。

また、「乾杯のときに人は必ず笑顔になる」という考えのもと、毎年5月9日が笑顔を増やす日になったらいいな、と思い活動しています。

この記念日を通じて、さまざまな出会いと成長の機会もいただきました。

最初のオフ会に参加してくれた人の中に、たまたま日本酒関連のイベント会社の社長さんがいて、話が弾んだことがきっかけで、翌年にはその会社が「ゴクゴクの日」に協賛してくれたのです。イベントについてはまったくの素人だった私ですが、それがきっかけで、次のような私一人では思いつかないお客様寄りの視点や、イベントを開催するにあたってのポイントを学ぶことができました。

・お客様はただ飲むだけに集まるのでは満足されないので、何か催し物が必要。

・せっかく「ゴクゴク」なんだから、会費（5959円）や開催時間（5時9分）など、あらゆるもので「ゴクゴク」にこだわる。

・主宰者が「池田千恵」個人だと、知らない人は不安に感じるから、きちんとした会社に協力してもらったり、「実行委員会」を作ったりするといい。

また、私は食べ歩きも趣味なので、日々、美味しい店の情報を探していますが、気に入ったお店には何度も通い、「粋な常連客」になることを目指しています。

私が考える「粋な常連客」の条件は次の4つです。

1．お店の人に感謝し、それを言葉にして伝える。

2. 常連ヅラしない。
3. 混んでいたり、お店が忙しかったりするときは長居しない。
4. お店に親しい友人を連れていき、そのお店のファンを増やす。

この4つを守っていると、自然とお店の人と仲良くなれて、それをきっかけに食材の生産者に会えたり、さまざまな職業の人と知り合いになれたり、仕事の上でコラボレートできたりして、自分の幅をどんどん広げることができます。

趣味と仕事の境目がシームレスになってくると、周囲の出来事がなんでも楽しく見えてきます。そして、どんな出来事からもビジネスのヒントが見えてくるようになるのです。

仕事でのふとした会話で、趣味のタネをまいておく

朝4時起きで仕事と趣味の境目がなくなってきたら、せっかくですからそのことを会社でもアピールしない手はありません。

外資系コンサル会社には、イントラネットで社員が自分のプロフィールを記入できるページがありました。このイントラネットは肩肘張らずに気軽に書き込めるものだったので、私のプロフィールとして「前職はワタミです」「お酒が私の元気のモトです」「日本酒、ワイン、チーズなどの資格を持っています」などと書き込んでいました。

私にコンタクトを取ろうとするコンサルタントはまず、私の顔を確認するためにイントラネットを開きます。私は仕事場では控えめでおとなしいタイプだったので、普段はあまり目立たなかったのですが、プロフィールとのギャップのせいか、はじめて顔を合わせる際に珍しがられ、「酒」が縁でいろいろな話ができる

ようになりました。

コンサルタントはクライアントとの会食が多いせいか、ワインに詳しくなりたい人やワイン好きな人が多いのです。私がお酒についてはどうやら普通の人より詳しいようだ、という噂が社内でも広がっていたため、プロジェクト終了時のディナーに参加するときに、お酒の美味しい店を尋ねられる頻度が増えました。

このことによって、自分が行ってみたいと思っていたお店の開拓と、ディナーを楽しめる両面作戦が可能になりました。おかげで、会社の人ともコミュニケーションが取れ、自分のお酒や料理の知識も増やすことができたのです。

役員の秘書から電話がかかってくることもありました。

「○○さんの昇進祝いにワインを贈ろうと思うんですが、どんなワインがいいでしょうか？」

こういった問い合わせがあると、自分でもワインの勉強をさらに進めようというよいプレッシャーになりますし、適切なワインを選ぶことができれば、自分の株も上がります。

また、週末に開催しているパン教室のこともさりげなく話しておいたり、折に触れて手作りパンを持参して食べてもらったりすることで、直接パン教室に来てくれる人も増えました。

ちなみに先ほどの「ゴクゴクの日」のプロモーションは、会社の飲み会でお酒好きの役員の隣にたまたま座ったときに話をして、その場でコンサルティングしてもらうことができました。

「ゴクゴクの日」というコンセプトは決まっていて、将来は「土用の丑の日＝うなぎ」のレベルにまで「ゴクゴクの日＝ビール」の認知度を上げたい。水環境にも貢献したい。でも、どこから始めたらいいかわからない。どうしたらいいだろう……と、軽い気持ちで相談してみたのです。

すると、「いきなり個人がプレスリリースなどを作ってメディアにアプローチするのではなくて、個人が大きな目標を持って活動している、というのが口コミで広まって、結果的にメディアが認知するようなアプローチがいい」とのアドバイスをもらいました。そのアドバイスにしたがって、まず「ゴクゴクの日」の公式ブログを開設しました。それが口コミとなって広まり、結果的にビール会社の公式サイトからインタビューのオファーをいただくこともできました。

趣味のタネをまいておいたおかげで、「勝手な自分プロジェクト」であるゴクゴクの日を、戦略コンサルタントの中でも選り抜きのトップにコンサルティングしてもらう機会を得たわけです。

独立してからも、異業種交流会やセミナーで飲食の話をさりげなくしたおかげで、たまたま出会ったカフェのオーナーから「うちのカフェでチーズ教室をしませんか？」というオファーをいただいたり、チョコレート輸入商社の社長から「ワインとチョコのセミナーを開けませんか？」と聞かれたりすることもあります。

まさしく「ネタふり」の効用ですね。

Chapter 5

ワークとライフを上手に融合させる方法

前章では「ワーク・ライフ・バランス」の考え方について述べましたが、「ワーク」と「ライフ」を同じ土俵に上げる重要性は、頭では理解できても、慣れていないと身につけることはなかなか難しいと思います。

そこで役に立つのが、外資系コンサルタントが使っている技術や、私が自分で試して効果を検証したグッズやツールです。これらを上手に使って効率的に物事を進めるヒントにしてください。

1 手帳によるスケジュール管理

基本は「仕事」も「遊び」も一冊で

ワークとライフを「融合させる」感覚を肌で感じるために、仕事の予定も遊びの予定も、同じ手帳に入れてしまうことが大切です。

仕事用とプライベート用の手帳を分けている人もいますが、そうするとどうしても仕事の予定を優先してしまって、合間の時間にプライベートの予定を入れることになってしまいます。

東京糸井重里事務所やGoogle（グーグル）、mixi（ミクシィ）などでは、会社として意図的に、遊ぶ時間を業務時間内に組み込んでいるそうです。それだけ遊びというのは大事だということです。仕事中に悶々と悩んでいてもなかなか生まれなかったアイデアが、お風呂に入っているときや映画を見ているとき、友人と飲んでいるときにパッと浮かぶ、といった話をよく聞きます。ですからあえて、仕事と遊びを同列に扱うのです。

「仕事で予定が読めないから、平日は飲み会とかデートの約束を入れないようにしよう……」というのは、できないビジネスパーソンの証拠。飲み会などのプライベートな予定も、可能な限り最初に入れてしまうのがコツです。

ただし、ここでのポイントは、**アポは厳選する**こと。

「あまり気乗りがしないけど、行かないと義理が立たない。どうしようかな」と、一瞬でも迷ったアポはバッサリ切ることです。そこで関係がこじれたら、それまでの関係だったということ。気乗りがしない予定を組み込むと、そのために一所懸命に時間管理するのがバカらしくなってきますし、無理に時間をやりくりしたとしても、「本当はあまり行きたくなかったのに……」との思いがあるので、精神衛生上もよくありません。誘ってくれた相手にも失礼です。

しかし、**本心から必要だと思うプライベートなアポを、仕事と同列のプライオリティで予定に入れると、その予定を消化するために、一所懸命に仕事の段取りを組む**ようになります。組み込んでしまったアポとの両立を、朝の時間で入念に考えることで、結果的に作業効率が何倍にもアップします。「絶対今日の（遊びの）会ははずせない！」という執念があれば、仕事もうまくいくようになるのです。

「仕事」の目標と「プライベート」の目標を一緒に書いておく

Ｃｈａｐｔｅｒ1でも述べたとおり、人は書いてしまったことに見合うように行動します。ですから、手帳に書くことは自分への宣言になり、その**宣言を何とか実行しようと、自分への圧力がかかります。**その圧力がいいほうに働き、夢がかないます。

私は毎年末、翌年の目標を、すでにかなったものとして断定的に手帳の見開きに書き込みます。小さなことも大きなことも、思いついたことは全部書いておきます。それを毎朝ながめるのです。ながめながら、その目標を現実化するためにはどうしたらよいかを具体的にイメージします。そうすると不思議なことに、年末に振り返ると、70〜80%の確率で目標がかなっているのです。かなった目標は、赤ペンで消します。この、消すときの「トドメをさす」快感が忘れられないのです。

毎日のタスクも同様です。その日の仕事の目標はもちろん、プライベートの予定、例えばゴミ出しや切手を買うといったことも全部ごちゃまぜにして、同列に書いていきます。どうでもいいようなこと、目標とはいえないけれども忘れてはいけないタスクなども書きます。なぜなら、すぐ終わってしまうような予定でも、その予定を一つひとつつぶしていくことで達成感を味わえるからです。「ちゃんとやった！」と満足して赤ペンで消せるものは、多ければ多いほどうれしいし、「今日はよく頑張った！」と、満足して心安らかに眠ることができます。そうすれば、ぐっすり眠れて朝もスッキリ起きることができる、という好循環も生まれるのです。

記入する際には、そのタスクが次の4つのどれにあたるかを判断し、4色ボールペンで色分けして書いていきます。

食いぶち（緊急で重要なこと）……緑
種まき（緊急ではないが重要なこと）……赤
日課（緊急だが重要ではないこと）……青
思いつき（緊急でも重要でもないこと）……黒

例えば私の場合、この本の執筆の予定や、家族や大事な友人とのディナーは赤、図解コンサルティングや朝のイベント開催準備は緑、毎日の掃除洗濯は青、仕事に関わらないネットサーフィンなどは黒、といった使い分けをします。

いろいろ書き込みますが、それを全部達成しよう！　と頑張りすぎず、**8割でよくやった！　と思う**こともポイントです。リカバーの余地を残しておくのです。そうしないと、全部達成できなかったときに落ち込んでしまうからです。

8割達成で上出来。たとえ予定していたことが今日一日で全部終わらなくても、最後につじつまが合えばＯＫと、少し自分を許すことも大事です。

手帳の ToDo リストは、
4色ボールペンで色分けする。

＝食いぶち
（緑色）

＝種まき
（赤色）

＝日課
（青色）

＝思いつき
（黒色）

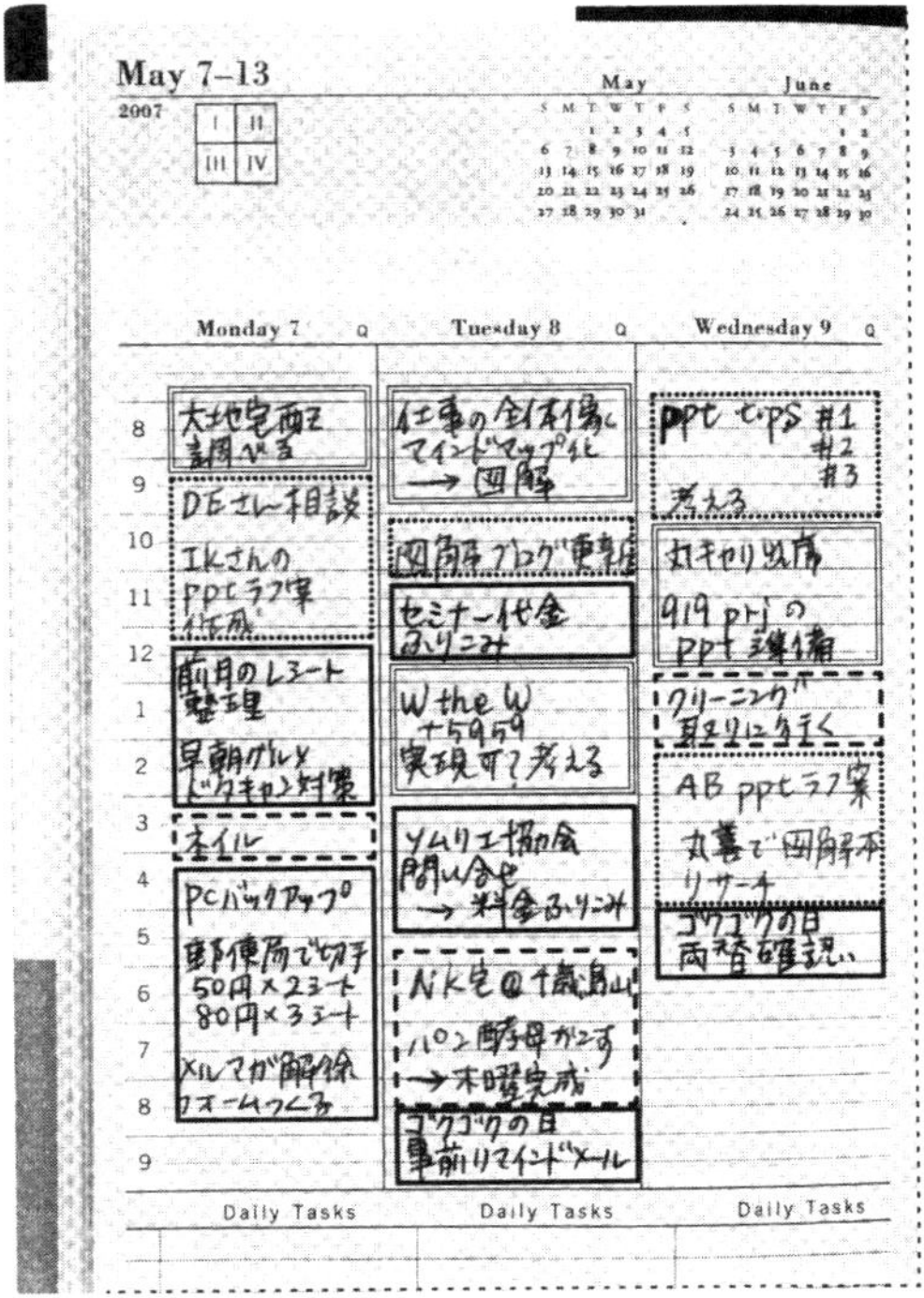

お気に入りの手帳を見つけよう

最近はネット上でスケジュール管理をしている人も多いと思いますが、私は昔ながらの手帳を持ち歩いています。今はiPhoneをはじめ、持ち歩ける端末がたくさんありますし、ネットでもGoogleカレンダー（Googleが提供するオンラインのスケジュール管理ツール）など無料でスケジュール管理ができるツールも数多くありますが、それでも私は手帳が好きなのです。その理由は3つあります。

1. ふと思いついたアイデアを、起動時間などを気にせずにすぐに書き込める。
2. 気に入ったフレーズ、将来の目標を書いておき、いつもながめることで目標を身近に感じることができる。
3. 手で書くことによって、記憶が定着する。

毎日、肌身離さず持ち歩くものですから、**気に入った色、手触りなど徹底的にこだわりましょう**。

ラッキーカラーって？　という人は、自分で決めちゃえばいいのです。ちなみに、私のラッキーカラーはオレンジです。それは、オレンジが「ビタミンカラー」とよくいわれるように、見ていて元気になる色だからです。それに、たまたまですが今住んでいる家のキッチンがオレンジ色だったというのもあります。そのカラーに合わせてインテリアをコーディネートしてみたら、なんとなく運気が上がった気になったので、「じゃ、これが私のラッキーカラーだ！」と、勝手に決めたものです。

ラッキーカラーを身の回りに置いておくと、何事もうまくいくような気分になって落ち着きが生まれるから不思議です。この、「気分になる」というのがポイントです。

お気に入りの手帳を、考えを巡らせる時間にいつも開きます。お気に入りの色だから、夜寝る前は落ち着くし、朝開くと元気が出ます。

この手帳には自分のすべてが書いてあるのですから、分身のようなものです。

だから、きれいに使わないと！　と思う人もいるかもしれませんが、逆です。

自分の予定を把握するため、寝る前に目標を確認し、朝起きてからはその目標を実行するためのスケジューリングに使うものです。だから、**何が書いてあるか、自分さえわかっていればいい**のです。他人に見せる類のものではないのですから、自分でわかる範囲で、どんどん汚してしまいましょう。私が使っている手帳には、日付のスペースだけは守っていますが、その他はおかまいなしで日々のスケジュールの下にToDoリストをどんどん書いています。

私のかつてのお気に入りは、フランクリン・コヴィー・ジャパンの『7つの習慣』プランナー』という手帳で、3年ほど使っていました。毎年秋に販売されている「とじ手帳」タイプのものです。これに文具の老舗、銀座伊東屋で買い求めたオレンジ色の本革カバーをかけて愛用していました。

『7つの習慣　成功には原則があった！』（スティーブン・R・コヴィー著／ジェームス・スキナー、川西茂訳　キングベアー出版）の名言や考え方が随所にちりばめられていて、この本を読んだことがない人でも、考え方を理解できる読み物になっているのでお勧めです。

さらにこの『「7つの習慣」プランナー』には、週のはじめに「1週間コンパス」というページがあります。これは、仕事やプライベートにおいて自分が担っている役割をリストアップするものです。妻として、会社員として、上司として……など、さまざまな役割を担う中で、今週はどの役割に一番重きを置くか、それ以外の役割ではどのような目標を持つか、といったことを考えられるページです。

月曜日の朝、この手帳で自分の役割や優先順位を確認すると、どれを先にすべきかといったことに迷わなくなります。その結果、仕事もプライベートもバランスよく充実させることができます。

現在は、2010年より自らプロデュースしている『朝活手帳』（ディスカヴァー・トゥエンティワン）を愛用しています。

手帳は最重要機密書類になり得るので、要注意！

手帳は持ち歩くものですから、**置き忘れたりなくしてしまうというリスク**がつきまといます。つまり、**会社の機密情報などが漏れてしまう可能性もある**ということです。

ビジネスの世界は情報という「ソフト」が勝負のカギです。その中でも特にコンサル業界は、情報の取り扱いに厳しいものがありました。クライアントの機密情報が飛び交う世界なので、情報が少しでも外部に漏れたら会社の信用問題になります。クライアントに資料を持っていく際はジュラルミンケースに入れて持ち歩きますし、プロジェクトに関係なく、株の売買も厳しく制限されています。同僚にさえも、むやみにクライアントの話をするのは禁止です。会社で作った資料を家に持ち帰ることも当然禁止。デスクの上に資料を置いて帰るなど、もってもの外でした。

価値がモノから情報に移り変わりつつある昨今、「情報が何よりも大事」というスタンスは、今後ますます重要になってくると思います。そこで、所属先や取引先からの信頼を失わないためにも、万が一落として他人に見られては困るような情報を手帳に書く際は、以下のことに気をつけるのは、戦略コンサルタントの常識です。

・クライアントの名前はそのまま書かない。
・具体的な仕事内容についても、ボカして書く。

ただ、そうすると覚えにくいですね。覚えやすくするためのちょっとしたコツが必要です。名付けて**UDN（うどん）式略語法**。ポイントは2つです。

・クライアントの看板商品の頭文字のイメージから記号を考え、記入する。

（例えばラーメン店だったらＲＭＮ、牛丼店だったらＧＤＮ）
・クライアントの社長や担当者の特徴から記号を考える。
（例えばメガネで背が高かったらＭＧＮ、Ｔａｌｌ）

最初はちょっと面倒に思うかもしれませんが、慣れてくると、自分だけのヒミツの名前を作るのが楽しみになってきます。また、長い文字をごちゃごちゃ書かなくなるので、記入スピードが上がることもメリットです。スイスイと予定を記入できると気持ちがいいものですし、この方法は、**機密管理にも使える**のです。

余談ですが、私は飲み会の席にも手帳を携帯します。人は酔うと本音が出るので、人間観察には持ってこいなのです。また、酔っているときに名言が生まれたり、深い含蓄のある言葉が出たりします。メモしておかないと酔って忘れてしまうので、ぜひお酒の席でも手帳を活用することを習慣にしてください（ただし、酔っ払うと字がミミズのようになっていて、後で解読できずに苦労することも多いのですが……。もちろん、絶対に置き忘れることなどないように注意！）。

2 その他のグッズ活用法

モバイルPCでスキマ時間を有効活用

仕事でノートPCを持ち歩くのは最近よくあることですが、私は会社員時代、スキマ時間で趣味に関する作業をするために、ノートPC＋データ通信カードを持ち歩いていました。

オフィスではデスクトップPCで仕事をしていたので、PCを持ち歩く必要はありませんでした。しかし、プライベートのPCを持ち歩くことによって、いつでもどこでも書斎にすることができるのは、時間を有効に活用したい私にとっては貴重なことです。始業前やランチタイム、飲み会前などのスキマ時間で企画を考えたり、ネットで調べ物をしたりしていました。

独立してからは仕事も持ち歩くようになりました。私のオフィスは都心ですが、午後に郊外で打ち合わせがあり、夜は会食という場合、いったんオフィスに帰るのはちょっと億劫《おっくう》です。そんなときはモバイルPCを活用して、いつでもどこでも書斎にしてしまいます。周囲の雑音は携帯音楽プレーヤーでシャットアウトすれば、家にいるときよりも集中できるくらいです。

最近はカフェやファストフード店でも、モバイルPC用に電源を貸し出しているところもあるので、待ち合わせ場所を事前に調べて、その近くで電源が確保できるお店を探しています。

ただし気をつけたいのは、**周囲に自分の仕事内容を見られてしまう可能性があること**。趣味のことをやっている分には、いくら見られてもかまわないかもしれません。しかし、今はクライアントに依頼された仕事もしているので、情報漏洩の防止のために、横からのぞかれても見られないようにする**PC用のモニター保護シートは必須アイテム**になっています。

この保護シートを貼ることによって、たとえなめ後ろからのぞかれても、作業内容を視認される心配はなくなります。

カフェやファストフード店でパソコンに向かっているビジネスパーソンの姿をよく見かけますが、ここまで気を遣っている人はまだ少ないと思います。会社の機密を毎日持ち歩いている、という意識を持つためにも、保護シートを貼ることをお勧めします。

また、当たり前のことですが自分の書斎を持ち歩いているということは、失くしたり盗まれたりしたときのダメージは大きくなります。テーブル上にPCを開いたまま席を離れる人も見受けられますが、いつでもどこでも、トイレに行くときにも肌身離さず持ち歩くようにしましょう。

ICレコーダーの意外な活用法

体を動かすことは、気分転換でもありながら、最高の「考える時間」にもなります。

前にも述べましたが、私は朝、家の周りをランニングするのを日課としています。最初はホノルルマラソン完走とダイエットだけが目的だったのですが、**ランニングを始めるといろいろなアイデアがどんどん湧いてくる**ことに気がつきました。私はそれまで継続的に運動をした経験がなかったので、これは新たな発見でした。

でも、せっかくいろいろなアイデアを思いつき、家に帰ってからメモしようと思っても、家に着くまでに忘れてしまうことが多く、悔しい思いをしました。それに、思いついたアイデアを「忘れないぞ……」と頑張って走りながら繰り返していると、他のアイデアを思いつくスペースが頭の中になくなってしまうのです。

これでは、せっかくのアイデアの泉を無駄にしてしまっているのではないか……。そう思い、iPhoneの録音機能を携帯するようにしました。小さいメモ帳を持ち歩くことも考えたのですが、文字を書くには立ち止まらなくてはいけません。でも**ICレコーダーなら、走りながら思いついたアイデアをどんどん録音できます**。

もちろん、仕事でも重宝しています。現在、ライターとしてインタビューや取材をすることがあるのですが、インタビューにも、録音機器が欠かせません。

もっとも、普通のインタビュアーは、相手の話を聞き逃さないために使用すると思いますが、私の場合はそれに加え、**自分がちゃんと質問できているか、変なことを聞いて目的からずれてしまっていないかの確認のために使っているの**です。

じつはいまだに質問が苦手で、準備が足りないと、ついトンチンカンな質問や飛躍しすぎた質問をしてしまいます。ですから取材前には、朝の時間を使って十分に準備して、リハーサルしてから臨むようにしているのです。

考えることに飽きたら、「辞書」で気分転換

朝は何も邪魔するものがないので、計画や予定を組んだり戦略を立てるといった思考を巡らせるのに適した時間だということは、何度も述べたとおりです。でも、いくら朝が考えるのにふさわしい時間だといっても、ずーっと考えっぱなしだと、さすがに疲れますよね。そんなときのために、考えなくてもすむ作業も組み入れて、頭を切り替えることをお勧めします。

バッグに単行本や新書で軽いテーマのものを1～2冊入れておき、考えることに飽きたらそれをパラパラとながめたり、iPhone辞書アプリに入っている国語辞典をランダムにながめて、意味を確認してみたりするのです。これは、リラックスしながらも新しい知識を仕入れることができるので、よくやります。

この気分転換方法を思いついたのは、ワタミ関連会社のA社長の言葉からでした。

「あなたは言葉をもっと大事に使わなければいけない。辞書をもっと引いて、正しい言葉を使うようにしなさい」

私が、「報告」「連絡」「相談」の使い方の区別がまったくできず、めちゃくちゃな仕事をしていたために注意されたのです。

日本人だから、日本語なんてできて当たり前でしょう？　と思っていた私ですが、いざ「報告」「連絡」「相談」の意味はどう違うか？　と聞かれたとき、答えられませんでした。そのときに「悔しい！　毎日辞書を見てやろう！」と決めたのです。

また、**意外に面白くて勉強になるのが「類語辞典」です。**コンサルタントの口癖のひとつに、「結晶化せよ」という言葉があります。これは、言いたいことをシンプルに整理し、しぼって相手に伝える訓練です。パワーポイントによる資料作りも、なるべくシンプルに、わかりやすく、かつ効果的に相手に伝えるためには「結晶化」の技術が必要なのです。

長いダラダラした文章を、どのようにシンプルにするかを考える際に類語辞典を活用している、という話をコンサルタントから聞いて、なるほどと思いました。類語辞典を普段から活用していると、語彙が広がるというのです。

それ以来私も、普段使っている言葉を他の言葉に言い換えて、もっと効果的な伝え方ができないかどうかを考えるようになりました。今はクライアント企業の事業内容を図解化して提案する「図解化コンサルタント」を本業にしているのですが、その際にも表現をシンプルにわかりやすくするために、よく類語辞典を開きます。

言葉の表現力が豊かになれば、仕事で役立つのはもちろんですが、プライベートな場面でもコミュニケーションを円滑にしてくれるはずです。最近は「美味しい」も「危ない」も「感動した」も「ヤバい」のひと言ですませてしまう人が多いと聞きますが、類語辞典で「美味しい」「危ない」「感動した」を引くことで、何十通りもの日本語表現を知ることができるのですから。

耳勉強でいつでもどこでも勉強

歩いているときも、ランニングしているときも、電車に乗っているときも、ランチを一人で食べているときも、いつでも無駄なく学べるグッズとしてお勧めなのが、耳勉強です。

私は帰国子女が多い大学を卒業しましたし、外資系コンサル会社にいたという経歴から、英語は何不自由なく話せるものと勘違いされることが多いのですが、本当はそれほど得意ではありません。一般的に見れば、そこそこできるレベルなのかもしれませんが、外資系企業の社員としてはお話にならないレベルです。

それでも大学時代には、このままではいけない！　と、『ヒアリングマラソン』（アルク）という、毎月1回1年間、ヒアリングの教材が届く通信教材にトライしました。当時はカセットだったので、ウォークマンで聞きました。大学にはバスで20分、徒歩なら40分程度のところに住んでいたので、運動も兼ねて徒歩で往復80分、毎日ヒアリングマラソンを聞きながら通学していました。

本当は、毎月提出するテストも同封されていて、それを送って採点してもらうところまでがサポート範囲なのですが、ものぐさな私はテストはやらず、ただ聞き流し、たまにテキストを読む、といった調子でした。

ところが、**ただ聞いているだけなのに、ＴＯＥＩＣの点数が受けるたびに徐々に上がっていき、一年で２００点アップしたのです。**これには驚きました。今思えば、一応受験生時代に単語を大量に覚えていたおかげという面もあるのですが、毎日、欠かさず英語に触れるということが大事なんだなー、と実感した出来事でした。

その後ワタミに入社し、英語とは無縁の生活を送るようになった後に外資系コンサル会社に転職したわけですが、３年以上英語に対してブランクがあったので、英語ができないダメＯＬになり下がっていました。

そんなある日、交換派遣の形で1年間、韓国からコンサルタントが来ることになり、彼と毎日、英語でコミュニケーションを取らなければならない状況になったのです。最初は逃げ回って、なんとか話をしないように仕事を進めようと思っていたのですが、そうもいっていられません。外資系ＯＬなのにこれではまずい！　と思い始めました。

そこで、かつて成功体験があった『ヒアリングマラソン』にもう一度挑戦してみようと再購入したのです。この教材はタイムリーな時事ネタをたくさん盛り込んであるので、毎回ワクワクしながら、スキマ時間にひたすら聞きました。

プレーヤーはウォークマンからiPhoneに変わりましたが、朝の通勤時間とランチの時間をヒアリングに充てたところ、なんとか韓国人コンサルタントともコミュニケーションを取れるようになり、とてもよい関係を作ることができました。

「朝の耳勉強」＋「辞書アプリ」で、英語力は格段に伸びる

大学時代と比べて、勉強方法を進化させたものがあります。それは、**iPhoneの辞書アプリを併用する**ことです。大学時代は受験勉強の効果で語彙の蓄積があったので、辞書をそれほど多用しなくてもすみました。

でも社会人になって英語と無縁の生活を何年も続けていると、聞いたことはあるけれど、どんな意味だっけ？　という単語や熟語がたくさん出てきます。**わからないところはわからないまま放っておかない。それが、勉強ができる人とできない人の差**だと思っていますので、わからない単語が出てくるとすぐに、辞書アプリを使って調べることにしています。

もうひとつ付け加えておくと、**英語力アップにお勧めなのは、英語のオーディオブック**を聞くこと。ここでのポイントは、**日本語で読んだことがある本、しかも好きな本を選ぶこと**です。そうすれば、だいたい言っていることがわかるので

達成感があり、そのうえで英語の言い回しも覚えることができます。
私はiTunesで以下のオーディオブックを購入し、頻繁に聞いています。

『How to Win Friends and Influence People』（『人を動かす』創元社）
『The Seven Habits of Highly Effective People』（『7つの習慣』キングベアー出版）

この2冊は、私が大好きな自己啓発書です。英語を学びながら、成功法則まで学べる、お得な勉強法です。

耳勉強で集中力を維持する

こうして毎日iPhoneを活用している私ですが、オーディオブックと、クラシックのようなインストゥルメンタル、J－POPをうまく使い分け、自分のテンションを高く維持しています。
例えば、「今からやるぞ！」と気合を入れるときには、ワーグナー。iTunesで

「ザ・ベスト・オブ・ワーグナー」（ポーランド国立放送交響楽団&スロヴァキア放送ブラティスラヴァ交響楽団）をダウンロードして聞いています。このアルバムに入っている「ニュルンベルクのマイスタージンガー」のサビを聞くだけで自分の中のスイッチが入り、「よし！　やるぞ！」とモードが切り替わります。

ところで、何かを聞きながら作業していても、音が聞こえなくなるくらい集中し始める瞬間があります。これを心理学者のミハイ・チクセントミハイは「フロー体験」と命名しています。このフロー体験を、どれだけ長く維持できるかが、仕事の質にも影響してくるのです。

そこで、私なりのフロー状態長時間維持法をお伝えいたします。それは、**仕事をするときも音楽ではなく、語りかける形式のオーディオブックを聞く**ことです。

最初は自分の思考を邪魔するように思えますが、しばらく我慢しているうちに、話が全然耳に入らないくらいまで集中できるようになります。**話が耳に入らない状態になったときに、すかさず静かな音楽に切り替える**のです。そのことによって、集中力に初速がつき、より長くフロー状態を維持することができます。

この訓練をしていると、ざわざわした喫茶店やファミレスで仕事をしていても集中できるようになってきます。普段からオーディオブックで「ざわざわ」した環境に慣れ、それを当たり前と思えるようにすることで、うるさい場所でも違和感なく仕事に集中できる状態を意図的に作り出すのです。

3 朝の準備も効率的に工夫する

朝の支度を効率よく

朝、時間ギリギリに目覚める人の中には、食欲がないし時間もないから、食事を摂らないという人も多いと思います。

たしかに起き抜けの胃はなかなか働きませんが、朝4時起きをすれば、会社が始まるまでは5時間、お昼までには8時間もあるため、**自然にお腹が空く**ようになります。また、時間も十分あるので、よく噛んでゆっくり味わうこともできますし、女性ならメイクにも時間をかけることができます。

とはいえ、せっかくの貴重な朝の時間を、身支度や食事に時間をかけてしまいすぎるのはもったいない。一番大事な「考える」時間を確保するために、なるべくなら有意義かつ効率的に準備したいものです。そこで私はこんな工夫をしています。

毎朝食べる玄米ご飯は週末にまとめて炊いて、小分けにして冷凍しておきます。それを、電子レンジではなく蒸し器で蒸します。蒸している間に化粧などの身支度を整えます。そうすると化粧が終わるころには、ふわふわで炊きたてそのままの玄米ご飯を食べることができるのです。玄米ご飯と一緒に切った野菜を蒸し器に入れておくと、温野菜も手軽に食べることができます。

また、私は昆布と干し椎茸で出汁を取った味噌汁が大好きなのですが、これも前日寝る前に、鍋に水と昆布・干し椎茸を入れておき、朝、玄米ご飯を蒸すのと同時に火にかければ簡単に出汁が取れます。出汁を取った椎茸は刻んで具にしてしまえば、具をどうしようかいろいろ考える手間も省けます。

寝る前に、次の日に着るものを決めておくようにもしています。朝起きてから迷わずに着られるので、その分時間短縮ができます。

まつげエクステやジェルネイルでケア時間の短縮をするのも手です。

髪の毛にクセがあって**毎日のスタイリングに困るという人は、ストレートパーマや縮毛矯正をかけてしまう**のもお勧めです。私はここ数年ロングヘアですが、くせ毛でうねりがあり、ブローすると時間がかかるので、半年に一度ぐらいのペースで縮毛矯正をかけています。そうすると、朝は寝ぐせがつきにくく、急いでいるときは寝ぐせ直しのスプレーをかけてササッと髪の毛をとかすだけで、ブローなしでもなんとなくサマになります。時間があって気分を変えたいときは、コテで巻き髪にもできます。

「玄米」＋「三年番茶」で、起床後の脳を活性化

私の朝ご飯の定番は、ここ5年ほど１００％玄米ご飯です。白米を土にまいても芽は出てきませんが、玄米はお米の種なので芽が出ます。それだけエネルギーがあるものを、丸ごとじっくりいただくことで、体にエネルギーがみなぎってくるのを感じます。

また、玄米ご飯はよく嚙まないと消化がよくありません。朝、ゆっくり玄米ご飯を嚙む余裕があるのも早起きしているからこそ。そしてよく嚙んでいるうちに、ボケーッとしていた頭もどんどん目覚めてくるのがわかるのです。

特定非営利活動法人日本咀嚼学会では、「ひみこの歯がいーぜ」という標語を使って、咀嚼《そしゃく》の効果を広める活動をしています。

ひ：肥満防止
み：味覚の発達
こ：言葉の発音がはっきり
の：脳の発達
は：歯の病気を防ぐ
が：がんを防ぐ
い：胃腸の働きを促進する
ぜ：全身の体力向上と全力投球

特に**注目は「の：脳の発達」**です。玄米ご飯をよく嚙むことで、脳に酸素と栄養が送られて活性化されるのです。だから頭がシャキッと目覚めてくるのです。眠気防止にガムを嚙む人がよくいますが、まさにそんな感覚です。

また、玄米は食物繊維が豊富。私は玄米食と早起きの習慣で、小学生のころから悩んでいた頑固な便秘が解消しました。今では一日1回、ときには2回、スルッとお通じがあります。老廃物がスルッと出ると、体調も最高潮。朝から元気にエンジンがかかります。

玄米ご飯のあとは、Chapter1で紹介した三年番茶を飲みます。三年番茶を朝向けドリンクとして飲むには、「梅醤番茶」がお勧めです。湯呑茶碗に梅干し1個、生姜のしぼり汁1～2滴、醤油を大さじ1・5～2（梅干しの塩加減により調節）を入れ、沸かしたての三年番茶を注ぎ、梅干しをつぶしながら飲むと体がシャキッと目覚めます。自然食品店で、お湯を注ぐだけで梅醤番茶ができる濃縮版も売っているので、朝から生姜をしぼるのが面倒な場合はそれでも十分でしょう。

朝のファミレスは元気の源

私は会社員時代、朝4時に起きて身支度をすませ、5時過ぎには家を出て、朝

6時過ぎには会社近くの24時間営業のファミレスに行って勉強していました。

都市に住む人にとっての朝早く家を出るメリットは、なんといっても**満員電車に乗らなくてすむ**ことです。満員電車は、「負」のエネルギーに満ちあふれていると思いませんか？

・押されて苦しい。
・混んでいて手すりをつかめないけれど、汗だくのサラリーマンと密着したくないから必死に立つ。
・汗だくのサラリーマンが嫌で女性専用車両に乗ったはいいものの、今度は尖ったヒールで思いきり足を踏まれる。
・足を踏まれても、ひと言の謝りの言葉もなく、さらにムカムカ。
・隣の人のバッグの金具がニットに引っかかって、お気に入りのセーターがほつれてしまう。

こんなイライラを一日の始まりに味わってしまったら、仕事を頑張ろう、という気も萎えてしまいます。でも、早朝に家を出れば電車は空いていて、まず間違いなく座れます。車中でも本や新聞を読めるので、時間を有効活用できます。

電車が時間どおりに動かなかったからと、堂々と遅刻して出社する人がいますが、それはタイムマネジメントがなっていない証拠。電車がちょっと遅れたくらいで遅刻する。そもそも、**そんな電車に乗るという選択をしたことがすでに失敗**です。外からの要因で朝イチの予定を狂わせるのは恥ずかしいので、今すぐやめましょう。

朝型人間の中には、会社に直行して勉強するのが好き、という人もいますが、私の場合、会社の仕事ではなく趣味や将来のための勉強が多かったので、ファミレスが適していました。それに、外資系コンサル会社は朝型の人が多いので、一人でじっくり集中して、という環境ではなかったという理由もあります。

会社の近くには2軒、24時間営業のファミレスがありました。一軒をメインファミレス、もう一軒はメインが掃除などで閉まっていたときの予備ファミレスとしてお世話になっていました。

家で朝ご飯を食べてから行くので、ドリンクだけの注文、というのがファミレスには申し訳ないのですが、たまにはセットメニューを注文したり、夜も行ったりと、少し気を遣いつつ利用しています（すでに店員さんに顔を知られてしまっていて、毎回、いつものお気に入りの席に案内され、「ドリンクバーですね」と、注文する前から確認されてしまいます。ちょっと恥ずかしいです）。

朝のファミレスがいいのは、とにかく空いていること。お昼どきの混み合っている店内で広い机を占有し、長時間勉強していたらヒンシュクものですが、朝なら大目にみてくれます。

それに、**同じように勉強している人がとても多い**ことに勇気づけられました。特定の人が特定の時間に特定の席に座っているので、いつの間にかなんとなく顔見知りになっている感があるのです。勝手に「朝仲間」だと感じ、たまに会わないと心配になってしまうくらいでした。

会社を辞めて都内にオフィスを借りている現在、ランニングをしない日は朝6時30分にオフィスの近くのカフェに入り、オフィスが利用可能になる朝9時まではここをメインの勉強場所にしています。

また、自宅で仕事をする際は近所のファミレスをメインの場所にしていて、ランチタイムで混み始めると家に戻ってご飯を食べた後、気分を変えて今度は少し離れた別のファミレスへ、というように、メリハリをつけて利用しています。

いろいろなものをご紹介しましたが、皆さんも自分なりの活用法を見つけて、「ワーク」と「ライフ」を上手に融合させてくださいね。

Epilogue 人生は、ぼんやりと過ごしていられるほど長くはない。

私は「何もしない時間」を最小限にして、密度の濃い人生を過ごしたいと思っています。

そう思った直接のきっかけは、31歳のとき、人間ドックで「乳がんの疑いあり」と診断されたことでした。ハワイでの結婚式を半年後に控えていたときのことです。結局、問題はなかったのですが、自分の人生について深く考えさせられました。

人はいつ死ぬかわからない。死ぬ前になって、あー、あれもやっておけばよかった、これもやっておけばよかった……と後悔するような生き方はしたくない。これだけやったから、満足！　と言って死にたいと思ったのです。

そんな思いから、ますます朝4時起き生活に拍車がかかりました。一見「ど根性」で、ワーク・ライフ・バランスと真逆に見える朝4時起きですが、それが結局はワーク・ライフ・バランスをよくすることにつながったのです。

大学に二度も落ち、失意のどん底にいた19歳の春。私は早起きを習慣にするなんて夢にも思っていませんでした。

当時の私が持っていたのは、「このままじゃダメだ！」という自分への嫌悪感、「着ぐるみお嬢に負けたくない！」という強いコンプレックスだけでした。

そんな「負」のエネルギーをそのまま引きずっていたら、私は世の中に不満を募らせるばかりで自分では何も行動を起こすことができない、ダメな自分のままだったことでしょう。そして、できない自分を棚に上げて、世の中の不満を毎日口にする、つまらない人生だったと思います。

でも、朝4時起きを習慣化したおかげで、マイナスのエネルギーをプラスのエネルギーに転化させることができ、人生が大きく変わりました。

あなたも、「ど根性」で「欲張り」な朝4時起きで、人生の時間密度を思いっきり濃く生きてみませんか？　本書がその一助となれば、これほどうれしいことはありません。

その素晴らしさを一人でも多くの方に伝えたくて、この本を書きました。

執筆にあたり、さまざまな方にお世話になりました。

マガジンハウス第一書籍編集部の平城好誠さん。思いばかりが先走り、なかなか筆が進まない私を1年以上にわたり叱咤激励してくださいました。ありがとうございます。

エリエス・ブック・コンサルティングの土井英司さん。出版の世界を通じて自分の強みや自分らしさを徹底的に考えるきっかけをくださいました。あらためて御礼申し上げます。

経済的に厳しい状況の中で、大学を受け直すのを許してくれ、家計を切り詰めて仕送りをしてくれた両親にも感謝します。両親の理解がなかったら今の私は存在しません。

最後に、気づくとネガティブ体質に戻ってしまいそうな弱い私を、「千恵はできる」と毎日励ましてくれた夫にも感謝します。本当にありがとう。

池田千恵

２００９年７月

参考文献ほか

●『頭のいい人の短く深く眠る法　頭と体が100%活性化する最高の眠り方』藤本憲幸著　三笠書房
●『父と子の約束　ワタミの成功を生んだ人間哲学の原点』渡邉美樹著　世界文化社
●『脳を活かす勉強法　奇跡の「強化学習」』茂木健一郎著　PHP研究所
●『新しい人事戦略　ワークライフバランス 考え方と導入法』小室淑恵著　日本能率協会マネジメントセンター
●『7つの習慣　成功には原則があった!』スティーブン・R・コヴィー著／ジェームス・スキナー、川西茂訳著　キングベアー出版
●『フロー体験　喜びの現象学』M・チクセントミハイ著／今村浩明訳　世界思想社
●『仮説思考　BCG流問題発見・解決の発想法』内田和成著　東洋経済新報社
●『無理なく続けられる年収10倍アップ時間投資法』勝間和代著　ディスカヴァ

ー・トゥエンティワン
●『週末起業を超える　成功のやみつき法則』藤井孝一著　ビジネス社
●『時間の分子生物学　時計と睡眠の遺伝子』粂和彦著　講談社現代新書
●『ヒトはなぜ人生の3分の1も眠るのか？　脳と体がよみがえる！「睡眠学」のABC』ウィリアム・C・デメント著／藤井留美訳　講談社
●『デッドライン仕事術　すべての仕事に「締切日」を入れよ』吉越浩一郎著　祥伝社新書
●『図解　創造的仕事の技術』悴田進一著　ソフトバンククリエイティブ

英語の勉強にお勧めのオーディオブック／教材

●1000時間ヒアリングマラソン（アルク）
●『How to Win Friends and Influence People』（『人を動かす』創元社）
●『The Seven Habits of Highly Effective People』（『7つの習慣』キングベアー出版）

フロー状態の維持にお勧めの音楽

●「ザ・ベスト・オブ・ワーグナー」（ポーランド国立放送交響楽団＆スロヴァキア放送ブラティスラヴァ交響楽団）

●Far Eastern Wind-Spring／Summer／Autumn／Winter　小室哲哉

●Arashiyama　小室哲哉（iTunes限定配信）

早起き／時間管理に役立つサイト

●ひとこと朝宣言（朝時間.jp）http://www.asajikan.jp/community/sengen/asa.cgi/pickup.html

●生活改善応援サイト早起き生活　http://www.hayaoki-seikatsu.com/

●ねむログ　http://www.nemulog.jp/

朝の会合

●Tokyo「Early Bird」パワーブレックファーストミーティング
http://www.global-taskforce.net/

●築地朝食会　http://www.tsukiji-7am.jp/

●文房具朝食会。http://blog.livedoor.jp/stationaru_tomo/

●Before 9 プロジェクト　http://before9.jp/

●早朝グルメの会　http://before9.jp/asa-gourmet.html

著者紹介
池田千恵（いけだ　ちえ）
Before 9（ビフォア・ナイン）プロジェクト主宰。
CONECTA代表。
福島県いわき市出身。二度の大学受験失敗を機に早起きに目覚め、半年の早朝勉強で慶應義塾大学総合政策学部に入学。ワタミ株式会社、ボストン コンサルティング グループを経て現職。早起きで人生を変えた経験から、朝9時までの時間を有効活用するための早朝セミナー「Before 9プロジェクト」を2008年より開催。2009年発売の初の著書『「朝4時起き」で、すべてがうまく回りだす！』（マガジンハウス）は、朝4時に起きる「ヨジラー」急増のきっかけとなる。現在はプレゼンテーション資料作成支援、思考整理、情報発信、時間管理、目標達成、女性のキャリア形成などをテーマに講演、研修、著述活動を行っている。著書に『絶対！伝わる図解』（朝日新聞出版）、『「ひとり時間」で、すべてがうまく回りだす！』（マガジンハウス）など。プロデュースに、朝専用手帳『朝活手帳』、iPhone対応アプリ『朝活アプリ』（ともにディスカヴァー・トゥエンティワン）。朝日新聞、日本経済新聞、NHK「めざせ！会社の星」、テレビ東京「ワールドビジネスサテライト」などメディア出演多数。

●池田千恵公式ブログ http://ameblo.jp/before9/
●池田千恵公式サイト http://ikedachie.com/
●Facebook https://www.facebook.com/before9

本書は、2009年7月にマガジンハウスより発刊された同タイトルに加筆・修正を加えたものである。

ＰＨＰ文庫　「朝４時起き」で、すべてがうまく回りだす！

2013年７月17日　第１版第１刷
2017年３月13日　第１版第５刷

著　者　池田千恵
発行者　岡　修平
発行所　株式会社ＰＨＰ研究所
東京本部　〒135-8137 江東区豊洲5-6-52
文庫出版部　☎03-3520-9617(編集)
普及一部　☎03-3520-9630(販売)
京都本部　〒601-8411 京都市南区西九条北ノ内町11
PHP INTERFACE　http://www.php.co.jp/
組　版　朝日メディアインターナショナル株式会社
印刷所
製本所　凸版印刷株式会社

ISBN978-4-569-76029-2

PHP文庫好評既刊

「朝に弱い」が治る本

スッキリした目覚めを手に入れる習慣

鴨下一郎 著

「朝に弱い」のは本当に低血圧のせい？——いつまでもベッドから起きられない現代人に、ぐっすり眠り、スッキリ目覚める秘訣を大公開！

定価 本体四三八円（税別）

PHP文庫好評既刊

「テンパらない」技術

西多昌規 著

「ちょっとした事でキレてしまう＝精神的テンパイ状態の人」が急増中！ 精神科医が自ら実践している「心の余裕を保つ技術」を一挙紹介！

定価 本体五七一円（税別）

PHP文庫好評既刊

なぜかうまくいっている女《ひと》の心のもち方

有川真由美 著

50もの仕事に就いた経験のある著者が、職場でうまくいっている女性を徹底分析。苦しい仕事が明日から楽しくなるためのコツを紹介。

定価 本体五五二円（税別）